中公文庫

孔　子　伝

白川　静

中央公論新社

目次

第一章　東西南北の人　9
伝記について　12
聖人ののち　19
陽虎の叛　28
出国記　38
亡命記　45
夢と影と　54
第二章　儒の源流　65
伝統について　67

大儒と小儒 72
巫史の学 82
天の思想 91
古典について 98
儒教の成立 106
第三章 孔子の立場 117
体制について 119
群不逞の徒 126
奴隷制説 140
孔子教団 151
巻懐の人 162

第四章　儒教の批判者　173
批判について　175
ギルド的集団　182
儒墨の弁　191
盗跖の論理　200
孔子問礼　209
稷下の学　220
第五章　『論語』について　231
文体論　233
儒家八流　246
弟子群像　255

『論語』の成立　271
大なるかな孔子　289
文庫版あとがき　300
解　説　加地伸行　307

孔子伝

第一章　東西南北の人

聖人孔子を語る人は多い。また『論語』の深遠な哲理を説く人も少なくはない。しかしもし、それがキリストを語り、聖書を説くように説かれるとすれば、それは孔子の志ではないように思う。孔子自身は、神秘主義者たることを欲しなかった人である。みずから光背を負うことを欲しなかった人である。つねに弟子たちとともに行動し、弟子たちの目の前に自己のすべてをさらけ出しながら、「これ丘なり」〔論語・述而〕というをはばからぬ人であった。

ただ孔子は、たしかに理想主義者であった。理想主義者であるゆえに、孔子はしばしば挫折して成功することはなかった。世にでてからの孔子は、ほとんど挫折と漂泊のうちにすごしている。しかしそれでも、弟子たちはそのもとを離れることはなかった。孔子はその弟子たちを擁して、何を求め、何を為さんとしたのであろう。この世俗的な成功を期待しがたい師のもとに生まれた教団は、思想史的にどのような意味をもつのであろう。

孔子の人格は、その一生によって完結したものではない。それは死後にも発展する。孔子像は次第に書き改められ、やがて聖人の像にふさわしい粉飾が加えられる。司馬遷がその仕上げ者であった。そしてその聖像は、その後二千年にわたって、この国の封建的な官僚制国家の守り神となった。しかし旧社会が滅びたいま、孔子像はまた書き改められなければならない。すでに孔子を、奴隷解放の思想的指導者であり、その実践者であったとする人もある。孔子はなお生きて、その思想的任務を負わされているのである。私はこのように、現在にもなお生きることのできる孔子の偉大さについて、考えてみたいと思う。それは、われわれ自身にとって、孔子とは何かという問題に外ならない。

しかしそれは、論者の史観に合うような、任意の孔子像を求めてよいということではない。孔子が今でも生きつづけ、なお今後も生きつづけてゆくとすれば、その可能性は孔子自身のうちにあるはずである。孔子を歴史的な人格としてとらえ、その歴史性を明らかにすること、それが孔子の生命のいぶきをよみがえらせる、唯一の道である。孔子の伝記的生命は、今もつづいている。それゆえに私は、この一篇を孔子伝と名づけるのである。

伝記について

孔子は偉大な人格であった。中国では、人の理想態を聖人という。聖とは、字の原義において、神の声を聞きうる人の意である。孔子を思想家というのは、必ずしも正しくない。孔子はソクラテスと同じように、何の著作も残さなかった。しかしともに、神の声を聞きうる人であった。その思想は、その言動を伝える弟子たちの文章によって知るほかはない。人の思想がその行動によってのみ示されるとき、その人は哲人とよぶのがふさわしいであろう。

哲人は、新しい思想の宣布者ではない。むしろ伝統のもつ意味を追究し、発見し、そこから今このようにあることの根拠を問う。探究者であり、求道者であることをその本質とする。ソクラテスがデルフォイの神託の意味を追究してやまなかったように、孔子は「述べて作らず、信じて古を好む」〔述而〕人であった。ソクラテスは問うことの意味にその生命をさえかけたが、孔子は問うことによってイデアの世界を見出している。デルフォイの神託は、ただ問うことのみを命じた。そこには答えは予定されていなかった。しかし孔子は、過去の聖王の時代に、よるべき伝統をもっている。孔子に先だつ周王朝のかがやかしい文化とその創造者とを、孔子は夢にみることができた。

しかしいずれにしても、かれらが何らの文章をも残さなかったのは事実である。哲人の事業が、ひとえにその人の言行によってのみ示されるとすれば、伝記こそ、その思想でなければならない。これらの哲人は、その伝記の上にのみ存在する。ソクラテスはプラトンの数篇の文章によって、また孔子は『論語』のうちに、そのすべてが伝えられている。伝えられているというよりは、むしろその人格がそこに再現され、伝承者の志向によってさらに方向づけられているというべきであろう。だからこれは、「かくあった」ということのほかに、「かくあるべき」ものを含んでいるかも知れない。パウロの表現するところのキリストには、イエスからキリストへの昇華があり、さらにキリストとしての発展があるといわれている。伝記はこのように発展するものである。そして哲人の思想もまた発展する。孔子においては、それは実に現代にまで及んだ。二千年に及ぶ官僚制国家のイデオロギーとして、その封建性を基礎づけたものは孔子であったが、その歴史のなかにおいても、革命家たちは多く儒教にその根拠を求めた。そして近代においてさえ、その一学派である公羊学派が、体制否定の首唱者であったことが注意される。

孔子の最初の伝記作者は、『論語』各篇の編纂者たちであろう。しかし『論語』の編纂は、のちにもいうように、孔子の没後二百数十年にわたってつづけられたものであり、その批判者たちの資料をも含んでいる。孔子はその弟子たちにとってはすでに聖人であり、他の学派も容易にこれを否定することはできなかった。『荘子』の「天地篇」に孔子を「博學擬聖」とよび、儒墨に攻撃を加えている『韓非子』の「五蠹(こと)篇」にも、「仲尼は天下の聖人なり」という。孔子の反対者たちも、当時、聖人としての孔子を認めざるをえなかったのであろう。しかしそのため、孔子をより偉大ならしめ、あるいはおとしめようとする目的をもって、いろいろな話が作り出された。孟子の時代に、そういう孔子説話ともいうべきものが、すでに多く作られていたようである。孟子は、それらのうち思わしくないものは、「好事の者これを爲れるなり」〔万章上〕とか、「齊東野人の語なり」〔同〕といってしりぞけているが、孟子自身が主張する孔子の言動についても、疑わしいことは多いのである。日常的な問題のみでなく、たとえば「孔子、春秋を作り、亂臣賊子懼る」〔滕文公下〕といい、さらに「孔子曰く、我を知るものは、それただ春秋か。我を罪するものは、それただ春秋か」と、『春秋』にすべてをかけるような孔子の語を引いているが、孔子がいくたびか体制の変革を試みて失敗し、そのため長い亡命の生活を余儀なくされていることからも知られるように、それは明らかに虚偽である。孟子のいう春秋の学は、孔子を罪するものであることは明らかである。

司馬遷は『史記』に「孔子世家」をかいている。孔子の最も古く、また詳しい伝記であり、『史記』中の最大傑作と推賞してやまない人もあるが、この一篇は『史記』のうちでも最も杜撰なもので、他の世家や列伝・年表などとも、年代記的なことや事実関係で一致しないところが非常に多い。それらのことは、清末の崔東壁の『洙泗考信録』などにすでに指摘されており、近ごろ木村英一博士の『孔子と論語』には、詳細にわたる考説がある。

孔子はとくに卑賤の出身であった。父のことも明らかでなく、私は巫児の庶生子ではないかと思う。晩年にはさすがに一代の師表として、尊敬を受けたであろうが、亡命中のある時期には、「夫子を殺すもの罪なく、夫子を藉ぐもの禁なし」〔荘子・譲王篇〕という、引き受け人のない亡命者、いわゆる外盗の扱いであった。『史記』は孔子の伝記を、諸国の列侯の伝記である世家のうちに列したが、これは事実に反するのみならず、おそらく孔子の志を貫くゆえんであるまい。

司馬遷は、父の談が黄老を好んだ人であるため、儒家はあまり好きでなかったらしい。当時、儒家は武帝がこれを国学として立て、五経博士や博子弟子員をおき、天下郡国に学宮を設けて、儒教一尊の政策をとった。それで孔子を諸侯扱いにするのは、当時の国家政策上の要請であったらしく、遷の史筆は、逸民伯夷や遊俠者の伝にみられるような感慨と生彩を発していない。その論賛にも、魯に遊んで孔子の遺迹流風をみ、低回して去りえなかったことをしるしたのち、孔子が「布衣にして十餘世に傳へ」、「中國の六藝をいふもの、夫子に折中す。至聖といふべし」と結んでいるが、深い共感の語にとぼしい。すでに聖像化している孔子を、かれは多少うとましく感じていたのかも知れない。このとき、孔子の家系は十一代、その後も連綿として七十七代に及んでいる。当代の孔徳成先生は、いま聖祀を奉じて東海に浮かび、台湾では近年、孔子逝世二千四百五十年祭が盛大に行なわれた。先生は十数年前にわが国に来られ、私も握手を賜うたことがある。孔子を思わせるような偉丈夫のかたであった。

孔子の伝記資料は、いちおう『史記』の「孔子世家」に集成されている。しかしそれは、遷の史筆にふさわしくないほど一貫性を欠き、また選択と排次を失したものである。はじめに祖系を述べ、また老子に礼を問うたという問礼説話を加えているのは、時流の要求にこたえたものであろうが、経歴の間に加えられている多くの『論語』の文には、適当でないものが多い。たとえば、陳蔡（ちんさい）の厄（やく）のとき、孔子は子貢に「一貫の道」についで教えている。これは『論語』〔衛霊公〕では、陳蔡の厄における孔子と子路との問答の次にある、全く別の一章である。世家にこれをそのときのこととし、子路との問答につづいてその章をも引いているのは、分章を誤った結果である。また資料の性質の不明な雑説がかなり多い。不行儀をもって知られる衛の霊公の夫人南子との会見の場面などは、拙劣な小説に似ている。あるいは孔子の伝記を扱った小説の類があって、『史記』はそれに取材しているのかも知れない。『史記』では「高祖本紀」と「項羽本紀」との間にも不一致が多く、「項羽本紀」は『楚漢春秋』などの小説から取材したところがあるようである。有名な鴻門の会などは、一片の戯曲にすぎない。孔子以外にも、孔門では子路や子貢などに、説話的な資料があったらしい。

『史記』によって、正史の上で諸侯に列した孔子の権威も、現実の権威として歴史を動かすようになるのは、なおのちのことである。後漢の王充は『論衡』の「問孔篇」において、甚だしく理解のないしかたで『論語』に攻撃を加えている。また孔子の子孫たちも、必ずしも栄達が与えられたわけでなく、魏の孔融は曹操が饑饉の際に発した禁酒令に反対し、「神は酒を好みたまふ」と論じて殺された。魏晋の際の清談者流は、晋のみせかけの儒教主義・礼教主義を非人間的であると罵倒し、反礼教の旗幟をかかげ、ほとんど無頼に近いような反俗行為をくりかえした。その首魁である阮籍は、「禮あに我が輩の爲に設けられしならんや」〔世説新語・任誕〕といったが、その清狂はかえって孔子のいう狂簡の人に近いのはふしぎである。

儒教の権威は、唐の時代に『五経正義』が作られ、その経義が国家試験の教科とされるに及んで高められた。韓退之が儒教主義を高唱したのもこのときである。宋になると、経典として『論語』や『孟子』が加えられ、『論語』がはじめて経典としての地位を占めた。聖廟の祀礼もさかんとなり、孔門や儒流のほかにも、経典の注釈家たちまでが従祀され、そのランクがつねに問題となった。宋の徽宗は王安石を聖廟に加え、顔回や孟子をおしのけて、王安石を孔子の次に位置させた。この思わざる闖入者には、孔子もさぞ驚かれたことであろう。聖廟の内部も、今や世俗的な権威を争う場所となった。権威とはかくのごときものである。権威としての順位が問題となるのは、政治局員や政党の派閥の間だけではない。

中国において、官僚支配の体制が確立したのは、宋以後のこととみてよい。そして、その支配体制の確立とともに、儒教の権威は動かしがたいものとなる。明・清には、王者もまた釈典の礼に参加した。しかしこの儒教的イデオロギーの支配する旧社会は、今や完全に崩壊した。数年にわたる一切の文化遺産の刊行停止は、思想的な政策としての一面をもつと思われる。少なくとも結果として、ある種の古典との断絶がもたらされるのではないかと思う。そしていくつかの東洋的な遺存とともに、儒教も、やがてわが国にのみ残されることになるかも知れない。

体制の理論とされる儒教も、その出発点においては、やはり反体制の理論であった。そのことは、孔子の行動がよく示しているところである。しかし反体制の理論は、その目的とする社会が実現したとき、ただちに体制の理論に転化する。それが弁証法的運動というものであろう。儒教的な思惟になお生命があるとすれば、それはまたやがて、新しい反体制の理論を生み出してくるかも知れない。儒教ははたして、本来どのような体質をもつものであったか。今後においても、なお思想としての可能性をそのうちに含みうるかどうか。哲人としての孔子は、それにみずから答えようとはしない。われわれはその伝記のうちから、何ものかをよみとってゆくほかない。

聖人ののち

孔子は孤児であった。父母の名も知られず、母はおそらく巫女であろう。『史記』以前に、その父母の名についてふれたものはない。しかし『史記』としては、いやしくも諸侯の礼をもって孔子を世家に列する以上、その世系のことにふれぬわけにはゆかない。父は叔梁紇、母は顔氏の女で名は徴在、野合して孔子を生んだという。孔子は生まれたとき、頭が平低で丘のような形であったので、丘と名づけた。これが『史記』にいうその出生譚である。

叔梁紇は、『左伝』襄公十年に郰人紇、また襄公十七年に郰叔紇としてみえる人であるらしい。郰という地名をもってその名がよばれており、相当の家柄の武人である。『左伝』の記事は、いずれも抜群の武勇を示す物語であるが、『左伝』にはその人が孔子の父であるとはしるしていない。『荀子』「非相篇」に、孔子はたけ高く、面は蒙倛のごとくであったという。蒙倛とは、方相氏の用いる鬼やらいの面で、疫病をはらったり、送葬のときに用いるものである。孔子の顔を送葬用の面にたとえているのは甚だ奇異のことであるが、これも意味のありそうな伝承である。ただ荀子は、頭頂が平低であるとはいっていない。しかし頭が平低であるというのも、おそらく蒙倛の顔というのと関係があろう。私は孔子の出生に関して伝えられるこれらの意味不明な伝承から、孔子は巫女の子であったと解するのである。巫祝は冠を結ばず、崩し髪の形にする例であったし、送葬のときには、普通の婦人でも崩し髪の髽という形にした。男子の巫祝は、髪を結ばなかったものである。

孔子を巫女の庶生子であろうとする理由は、他にもある。それはこの野合の夫婦が、尼山に禱って孔子を生んだということである。野合とは何か。孔子の説話を集めた『孔子家語(こうしけご)』によると、叔梁紇は魯の施氏にめとって九女を生み、妾腹に一男子孟皮をえたが、孟皮は足がわるく、そこで改めて顔氏に婚を求めた。顔氏に三女あり、その小女徴在がみずから求めに応じたが、紇はすでに老齢であり、孫のような少女と婚したので、野合とよばれたという。しかし正式の結婚ならば、後添いであっても野合とはいわぬはずである。

それに尼山に禱って孔子を生んだというところにも、疑問はある。魯では、請子の祈りは郊禖(こうばい)で行なわれた。尼山に祈ったというのは、おそらく尼山に巫祠があり、徴在といわれる女性はその巫女であろう。あるいは、それは顔氏の巫児であったかも知れない。巫児というのは、一家の姉娘あるいは末娘が、家祀に奉仕するため、一生家に残るのである。斉では姉娘を巫児としたことが『漢書』「地理志」にみえるが、『詩経』には末娘が巫児となっている例が多い。「召南」の「采蘋(さいひん)」には、家廟につかえる季女のことが歌われており、「小雅」の「車舝(しゃかつ)」には、巫児をとつがせる家人のひそかな哀歓を歌う。神につかえる女には、男女のことは禁制とされていた。「召南」の「野有死麕(やゆうしきん)」という詩には、巫女と祝(はふり)との道ならぬ恋慕が戯画的にあつかわれている。徴在もおそらくそのような女であろう。しのび通う人の名は知られぬのが普通である。

孔子の父を『左伝』の郰叔紇と結びつけたのは、クリール〔孔子、七三頁注三〕の推測するように、紇が孔子の生まれたと伝えられる郰の人であるからというのが、唯一のゆかりである。この郰叔紇は、味方を救うために城門の扉を一人でささえたという勇士であった。『呂氏春秋』は、秦の始皇帝のかくれた父であるといわれる呂不韋(りょふい)の編纂したものであるが、その「愼大篇」に、「孔子の勁きこと、國門の關を擧ぐるも、あへて力を以て聞こえず」という語がみえる。おそらく叔紇の話の誤伝であろうかと思われるが、この話が孔子に結合されているのは、当時孔子と叔梁紇との関係が考えられていたのかも知れない。しかしいずれにしても、孔子の父の名は、『史記』にはじめてしるされているのである。

孔子は、巫女の庶生子であった。いわば神の申し子である。父の名も知られず、その墓所など知る由もない。『礼記(らいき)』の「檀弓篇(だんぐう)」は、孔門の間に記録された喪礼の問題を多く集めた文献である。「檀弓」〔上〕によると、孔子がその母を魯の城内の五父の衢(ちまた)に仮埋葬したとき、墓守りの老嫗に教えられてその所在を知り、防に合葬したという。五父の衢というのは『左伝』に四たびみえるが、そこでは詛盟(そめい)のことなどが行なわれており、後にもみえる魯の叛乱者陽虎が、魯侯の宝玉大弓を竊み出して一時身をひそめたところである。葬儀所などもあって、一般人の出入しない地区であったらしい。

墓所は大体改葬しないものであるが、孔子はその父母を防に合葬したという。なぜ防という地名が出てくるのであろう。「世家」には、孔子の曾祖父として、孔防叔という人物をあげている。普通ならば、郰叔紇・申叔時のように、地名をつけるならば姓をいわぬ例である。また孔防叔という名は、他にどこにもみえない。『史記』はその上文に「その先は宋の人なり」としている。これは宋の孔父嘉が華督に殺され、その子孫が禍を避けて魯に逃れたのが孔防叔であるという話の筋を作るための伏線であった。

『史記』にはなお、孔子の先祖物語を、別の形式で加えている。それは『左伝』昭公七年にみえるもので、孔子が十七歳のとき、魯の公族である三桓の一人孟釐子が病床にあって、その子懿子に遺誡したという話である。「孔丘は聖人ののちなり。宋に滅びたり。その祖弗父何、始め宋を有ちたりしも、厲公に譲れり。正考父に及んで、戴・武・宣公を佐く。……吾聞く、聖人ののち、世に當らずと雖も、必ず達者あらん。今孔丘は年少くして禮を好む。それ達者なるか。吾もし没せば、なんぢ必ずこれを師とせよ」。こうして孔子の家系は宋の正系とされ、その遠祖は殷の王室に連なる。『孔子家語』「本姓解」は、孔子の世系を殷の紂王の兄、賢人微子からはじめている。

『史記』にしるす孔子の家系は、美しい夫人をもつゆえに、実力者の華督に殺された宋の孔父嘉の話、『詩経』の「商頌」を校訂したという正考父などの話をつづり合わせて作った、ふしぎな系図である。『史記』には、『左伝』によって、正考父の盤の銘というものをしるしているが、「一命せられて背をかがめ、再命せられてうつむき」、高位に上るほどいよいよ恭敬に、粗食をするという自戒的な形式のものである。いま殷周の青銅器の銘文のみるべきものは数千に達するが、このような形式の銘をもつものは一器もない。また正考父が戴・武・宣の三代（前七九九～七二九）につかえたというのも疑問で、考父が校訂したという『詩経』の「商頌」は、宋の襄公（前六五〇～六三七）の覇業を賛頌したもので、武・宣よりもはるかに後の詩篇である。『左伝』の作者は、宋の閔公（前六九一～六八二）の曾孫である正考父を、同音の遠祖湣公の後とまちがえているのである。古代の系譜をしるす『世系』によって数えると、湣公より孔子まで十一世、宋の系譜では孔子の時代までに十七世二十三代で、甚だしく世代がちがう。これは孔子の世系構成に誤りがあることを示すものであるが、破綻はこれのみでなく随処にあり、崔東壁のごときは、全面的に孔子の世系を否定している。それが正しいと思う。

　孔子先世の物語について、『史記』には多く『左伝』にその資料を求めている。『左伝』正しくは『春秋左氏伝』は、孔子が改修したといわれる魯の年代記『春秋』に注したもので、『公羊伝』『穀梁伝』とともに三伝といわれ、『孟子』よりもかなり後の文献である。『三伝』には、孔子説話のほか、その高弟などの記事も挿入が試みられた。孔子の生年月日を加えていることも、異例の記事の一つである。このような古い時期に、名もない一庶生子の出生の日が記録されることは、考えられぬことである。多くの王公は、年齢さえ明らかでないのが普通である。孔子の出生を、『穀梁伝』には魯の襄公の二十一年（前五五二）冬十月の庚子の日であるという。『公羊伝』では十一月、また「孔子世家」はその年を襄公二十二年のこととするが、生年は二伝によって二十一年とすべく、日は十月庚子とするのがよい。その十月朔は甲辰で日食があった。庚子はその月の二十一日である。

『左伝』の作者は、好んで予言的な記事を載せている。孔父嘉の事件があった後、魯は宋から賄賂として大鼎を贈られたが、そのとき臧哀伯（ぞうあいはく）というものが、これを非礼として魯君を諫めた。『左伝』にはそれをほめて、「周の内史これを聞きて曰く、臧孫達はそれ魯に後あらんか」と、子孫に余慶の及ぶことを予言している。臧孫氏は、魯では最後まで、その勢位を保ちえた名族であった。これほどの用意をもつ『左伝』の作者が、正考父や孔父嘉の記事の条では、孔子との関係を示すような一言をも加えていない。従って、孟釐子の遺戒と称するさきの話も、挿入された疑問の一条である。『左伝』は正考父の盤銘をしるしたその末文に、臧孫紇の語を引き、また「仲尼曰く、能く過を補ふ者は君子なり」というよそよそしい評語を加えている。自分の先世の人のことならば、いいようがありそうなものである。『左伝』のころ、孔子先世の物語はまだ成立していなかったものとみてよい。

孔子の世系についての『史記』などにしるす物語は、すべて虚構である。孔子はおそらく、名もない巫女の子として、早く孤児となり、卑賤のうちに成長したのであろう。そしてそのことが、人間についてはじめて深い凝視を寄せたこの偉大な哲人を生み出したのであろう。思想は富貴の身分から生まれるものではない。『左伝』の荘公十年に、「肉食の者は鄙し」という語がある。搾取と支配の生活は、あらゆる退廃をもたらすにすぎない。貧賤こそ、偉大な精神を生む土壌であった。孔子はおそらく巫祝者の中に身をおいて、お供えごとの「俎豆」の遊びなどをして育ったのであろう。そして長じては、諸処の喪礼などに傭われて、葬祝のことなどを覚えていったことと思われる。葬儀に関する孔子の知識の該博さは、驚歎すべきものがある。それは『論語』をはじめ、礼関係の文献によって知られよう。若年のとき、魯の小吏となったことがあるという。『孟子』〔万章下〕に、かつて委吏となって会計に誤りがないようにつとめ、また乗田という牧畜係となって、牛羊がよく肥ったという話がしるされている。この『孟子』の記述は、孔子の青年時代の空白を埋めようとする「好事者」の作り話のように思われる。士は三十にして室あり、はじめて仕えるものとされた。『史記』は小吏時代を二十歳前後のこととしているが、孔子は巫祝のことに携わりながら、礼楽一般の教養を修めようとしていたらしい。後年、人が孔子の多能を賞賛すると、孔子は「われ少きとき賤しかりき。故に鄙事に多能なり。君子は多ならんや、多ならざるなり」〔論語・子罕〕と歎くようなことばを吐いた。孔子の前半生は、暗くけわしいものであったに違いない。

孔子の幼少のときについては、いろいろいい伝えられている伝承の中から、大よそのことが推測される。今までに述べたように、それは下級の巫祝社会での生活であったのであろう。父母を合葬するとき、孔子はその墓墳を高く築かせて、「いま丘や東西南北の人なり。以て識（しる）さざるべからざるなり」といって四尺の高さに封じた。東西南北の人とは、ほとんど一所不住の徒である。当時孔子は、なお巫祝社会の人であったと思われる。

しかし人は、必要なときにだけ舞台にあらわれることが望ましい。日記まで読まれるような生活は、どうにも高尚なものとはいいがたい。ソクラテスが一ソフィストとして、アリストファネスの喜劇に姿をあらわすのは、ソクラテスにとってあまりよいことではなかったようである。私には、孔子の前半生を、貧窮と苦悩のうちにとじこめておくのが、最もよいように思われる。そしておそらく、それは事実であろう。

孔子がようやく世上に姿をあらわすのは、おそらく四十もかなり過ぎてからであろう。そのころには、多少の弟子ももっていたようである。初期の弟子の年齢からみても、そのように思われる。「年四十にして惡（おと）しめらるるは、それ終（や）まんのみ」〔論語・陽貨〕、「四十・五十にして聞こゆるなきは、すなはちまた畏るるに足らざるのみ」〔子罕〕という孔子のことばは、その体験から出たものであろう。このような孔子が、一躍にして世人の注目をあびるようになるのは、魯に内乱的な状態が突発したときである。僭主にも近かった三桓（桓公の後である三家）の勢力が、陪臣である陽虎や公山弗擾におびやかされるような下剋上の様相が、にわかに顕著になった。陽虎は孔子を招聘することに熱心であったし、公山弗擾も、いよいよクーデターを実行するとき、孔子を招いた。孔子のもつ影響力は、おそらく巫祝社会を中心として、祭司者の知識社会全体に及んでいたであろう。孔子も行動を起そうとする。しかしそれはたちまち挫折するのである。しかしその挫折は孔子を救ったと私は考える。政治的な成功は、一般に堕落をもたらす以外の何ものでもない。

陽虎の叛

孔子は、再度にわたって、その祖国を棄てて亡命している。単なる外遊でなく、短きは数年、のちの亡命は十四年にも及び、孔子の理想主義者としての情熱は、そのためほとんど消耗しつくしたかと思われるほどのものであった。孔子が無事の日を送ったのは、第一の帰国後の短い期間と、晩年の五年足らずにすぎない。

第一の亡命の事情について、「世家」には、魯の昭公の二十五年（前五一七）、昭公が三家から君権を奪回するためのクーデターに失敗して斉に亡命した事件をあげている。

昭公が出奔してまもなく、魯侯は空位となり、魯は内乱の状態に陥ったので、孔子は斉に赴き、高昭子の家臣となって、景公への接近をはかったという。この行動は、著しく孔子の崇拝者の心情を傷つけるものがある。人もあろうに悪評の高い高昭子の家臣となり、他国へ出仕を望むなどは、孔子としてあるまじき行為であるとするのである。それで、昭公のあとを慕うた忠臣としての行動だとする解釈が生まれる。しかし『論語』には、忠臣という考えかたはない。忠は誠実というほどの意味である。孔子は、「もし我を用ふる者あらば、期月のみにして可なり」〈子路〉とか、公山弗擾の招聘に応じようとしたときにも、「もし我を用ふる者あらば、われはそれ東周を爲さんか」〈陽貨〉と子路に告げている。「もし我を用ふる者あらば」、相手は誰でもよかったのである。仕える者には、選択の自由があった。世襲の臣でさえも殉節ということのない時代である。殉ずるとしても道に殉じ義に殉ずるのが、孔子の志であった。仕官もしていない昭公に、亡命のお供をする忠義立てなど、するはずがない。亡命は孔子自身の事情によるのである。

斉への亡命は、おそらく陽虎の専制のとき（前五〇五）のことであろう。しかしここで、魯の政情について一瞥を加えておく必要がある。魯の君権は、当時微弱を極めていた。歴代にわたって暗君が多かったこと、桓公（前七一一～六九四）から出た孟孫・叔孫・季孫の三桓が久しく政権を握り、国土や兵馬の大半はその手に帰していたが、その陪臣たちがやがて実権を掌握して、他の列国と同じように下剋上の風潮が強く、政局はつねに危機をはらんでいた。昭公は十九歳で即位したがなお童心あり、即位後は楚や晋に朝して屈辱的な外交をつづけ、内外の侮りを招いている。「もし我を用ふる者あらば」とその機会を望んでいた孔子でも、これでは仕官のしようもない。

そのころ、貴族の間では、闘鶏や博奕が盛んであった。季平子と郈（こう）氏とが、たまたま闘鶏のことで争いはじめ、連鎖的に紛争は拡大して、昭公までまきこまれた。季氏は敗れて一時降服を求めたが、郈氏が強硬意見で話がつかぬうちに、危険を感じた三家が連合し、ついに昭公の亡命となった。亡命を受けた斉では、翌年魯を攻めて鄆（うん）を取り、そこに昭公をおいた。孔子が鄆に赴いたらしい形迹はない。

昭公は斉に人質のような形となり、斉は魯の内政にも干渉した。それで速やかに昭公を帰国させようとする運動や、むしろ晋へ遷そうとする画策も行なわれたがみな失敗し、関係者には不審死がつづいた。昭公は鬼神の罰を受けたのではないかという話さえ広まった。私はその背後に、陽虎の手が延びていたと想像する。昭公はのち乾侯の地に遷され、亡命七年にしてその地に没した（前五一一）。随行していたのは魯の大夫仲孫氏の族人で、子家駒というものであった。昭公失政の一は、この子家駒を用いなかったことにあると、『左伝』〔昭五年〕には評している。『左伝』には、この問題について、孔子にはふれていない。昭公亡命のとき、孔子はまだ三十六歳である。この政変によって去就を決しなければならぬほど、孔子はまだ有力ではなかったはずである。孔子の亡命はさらにのち、理由も別のところにある。

斉に亡命中の孔子の消息について、『論語』には数条の記載がある。

子、齊に在りて韶（しょう）（古楽の名）を聞き、三月、肉の味を知らず。曰く、圖らざりき、樂を爲すのここに至らんとは。〔述而〕

齊の景公、政を孔子に問ふ。孔子對へて曰く、君、君たり、臣、臣たり、父、父たり、子、子たりと。公曰く、善いかな。まことに君、君たらず、臣、臣たらず、父、父たらず、子、子たらずんば、粟（ぞく）ありと雖も、われ得てこれを食はんやと。〔顔淵〕

齊の景公、孔子を待たんとす。曰く、季氏のごときは、則ちわれ能はざるも、季・孟の閒を以てこれを待たんと。曰く、われ老いたり、用ふること能はずと。孔子行（さ）る。〔微子〕

孔子は古代の礼楽をたずねて、至るところでこれを訪求しているが、斉でたまたま古楽の韶を聞きえた感激を、「三月、肉の味を知らず」と表現した。韶については別に「美を盡くせり。また善を盡くせり」〔八佾〕とも評しており、深くその楽の意を知るところがあったのであろう。孔子は音楽を好み、みずからも琴を鼓した。詩篇なども、絃歌していたようである。人間形成の最終段階を、「樂に成る」〔泰伯〕とも述べている。音楽のある教室など、楽しかったであろうと思う。子路さえも、瑟を鼓したが、さすがにこの男の音楽には孔子も閉口であったらしく、「由（子路の名前）の瑟を鼓する、なんぞ丘の門においてせん」とその不協和を歎じている。

魯の昭公の二十六年（前五一六）、周では数年うちつづいた王子朝の叛がようやくいちおうの終熄をみた。王子朝は周の典籍を奉じて楚に出奔し、周の礼楽は多く失われたが、王室の楽官たちもこの内乱で四散した。「微子篇」に「大師摯は齊に適く」とあり、孔子はおそらく摯の演奏したものを聞いたのであろう。詩篇の「関雎」の演奏にも批評を加えている。このときはじめて孔子が大師の楽を聞いたとすれば、『史記』に、孔子が三十歳以前に魯侯から車馬を賜うて周に行き、礼楽を学び、老子にも会ったというのは道理に合わない。

景公との問答は、『論語』のほかにも『墨子』『韓非子』『晏子春秋』などに多くみえており、孔子が仕官を希望していたことも事実であろうが、「微子篇」の問答には潤色があるようである。景公（前五四七〜四九〇）は在位五十八年、年少で即位し、孔子より多少年輩であろう。斉では当時、崔杼が専制し、荘公を弑殺して、公の異母弟である景公を擁立したが、やがて慶封が崔氏を滅ぼし権を奪った。その崔氏も田氏・高氏に逐われて呉に奔り、ついで高氏が滅んで田氏の時代となっている。賢相といわれる晏平仲は、景公の四十八年（前五〇〇）に没した。

孔子が昭公の亡命に従って斉に赴いたとすれば、景公の三十一年、孔子は三十六歳、景公はおそらく五十にはまだ達していない年齢である。晏子も健在であった。若年の亡命者である孔子を、景公が三桓の季氏・孟氏を折半した待遇で迎えようというはずはない。また「われ老いたり、用ふること能はず」という年輩でもない。もしこの語に事実性があるとすれば、孔子の亡命は十年以上もさげなければならぬ。

景公が尼谿（じけい）の田を与えて孔子を迎えようとしたとき、晏子がこれを阻止したという話は、『墨子』「非儒篇」、及び『晏子春秋』巻八に数条の関連記事がある。「孔子世家」もそれらの文を綴り合わせてしるしている。晏子はこのとき、儒者は尊大で政治指導者として不適格であること、その礼楽説は奢侈にすぎず、厚葬久喪は民事を害し、外見ばかりで内容がないことを論じ、「いま孔丘は聲樂を盛にして以て世に侈（おご）り、弦歌鼓舞を飾りて以て徒を聚め」、その教説は政治に実益のないことを非難している。この当時、孔子はすでに教団的活動をしていたと考えられるが、この新しい形態の政治運動は、既成の政治家に相当の脅威を与えていたであろう。『墨子』「非儒篇」によると、孔子は斉に用いられないのを怒って、斉の実力者である田常の門に鴟夷子皮（しいしひ）を樹てて去ったという。鴟夷とは、神判に敗れた神羊を包みこみ、有罪者とともに水に流棄するための皮袋で、瀆神の罪をもって放逐する意を示す呪詛の方法である。孔子が没して六年ののち、越王勾践を助けて会稽の恥をそそいだ范蠡は、名を鴟夷子皮と改めて海上を去り、のち陶朱公として別の世界に活躍するが、鴟夷子皮はまた、亡命者として自己投棄することを示す方法である。それらのことは、巫祝の徒がよく知るところであった。『晏子春秋』には、孔子の斉への亡命は、晏子の策略であったという記述がある。孔子が魯の相となり、景公は魯が強盛となることをおそれる。晏子は魯の君臣の離間を策し、ひそかに孔子を高禄をもって斉に招聘する態度をとった。孔子はそのため強諫して魯を去り、斉の招聘を期待して亡命するが、景公はこれを拒絶する。ついに孔子は陳蔡に苦しむに至ったというのであるが、これも作り話であろう。ただ孔子の斉への亡命を、孔子が魯に用いられてのちのこととしているのは注意してよいことである。『晏子春秋』には、孔子に関する記事が二十条に近い。しかし孔子の出奔が、昭公の亡命と関係があるとするものは、一条もない。孔子の入斉が、晏子（前五〇〇）・景公（前四九〇）の没年より前であることは明らかであるが、昭公の亡命とは無関係である。

孔子の入斉は、陽虎の専制（前五〇五）と関係があるように思う。孔子が社会的に注目を受けるのもそのころからである。季氏の陪臣であったかれは、季桓子をとらえて盟約させ、クーデターによって専制を樹立した。『論語』には陽貨としるされている人物である。かれはかねて孔子の名声を知り、配下に収めたいと思って会見を望んでいたが、孔子は避けて会わなかった。あるとき陽貨は蒸豚を孔子宅にとどけさせる。地位のある人の贈物には、参上して挨拶するのが礼儀である。孔子は、相手の留守を見はからって出かけるが、不運にも路上で、この男に出会ってしまう。陽貨はすぐ声をかけた。

來れ、われ、なんぢと言はん。その寶を抱きてその邦を迷はす。仁といふべきか。

孔子は、「それは不都合なことです」と答えざるをえない。

事に従ふことを好みて、しばしば時を失ふ。知といふべきか。

これにも孔子は、「それは不明なことです」とこたえざるをえない。すると陽貨は、

日月逝きぬ。歳われとともならず。

と詩のように美しいことばで、仕官を進める。孔子は「諾、われまさに仕へんとす」となま返事をして、早々に立ち去った。この「陽貨篇」にみえる話は『孟子』〔滕文公下〕にもしるされており、孔子がこの男の招聘を受けていたのは事実のようである。

陽虎の専制は定公五年〔前五〇五〕、孔子はときに四十八歳であった。すでに有能な弟子もあり、その政治批判や知識社会への影響力は、為政者をおそれさせるほどになっていた。陽貨が「事に従ふことを好みて、しばしば時を失ふ」といっているのは、孔子がそれまでに仕官の機会を望みながら、成功していなかったことを指すのであろう。孔子はまだ仕官していないのである。

孔子はこの専制者に、あまり好意的でなかった。それで同じくこの陽貨と事を起そうとした公山弗擾に加担する態度を取って、子路の不興を買った話が、「陽貨篇」にみえる。人物としては、陽虎の方がよほどやり手であったらしい。この男は教養も高く、孔

子に告げた語は宝と邦、事と時とが韻をふんだ美しい詩のような語であり、日月の句も詩篇にありそうなことばである。『孟子』〔滕文公下〕に、「富を為せば仁ならず。仁を為せば富まず」という陽虎の格言的な語をあげている。『左伝』にみえる陽虎は、三年後に失脚したが、魯侯の地位を象徴する宝玉大弓を竊んで斉に亡命し、宋・晋で活躍するなど、異常な政治力の持主であった。のちに孔子が亡命中、匡で災厄に遭うのも、この男と間違えられたからだという。孔子とは容易ならぬ因縁のありそうな人物である。孔子はこの男に、ある種の幻影を感じていたと思われる。

陽虎が失脚して亡命するときのことを、『春秋』には「盗、寶玉大弓を竊む」と書している。陽虎は専制の後、魯都を離れ、斉から返還させた鄆（うん）・陽関の地を領し、そこから政令を発していた。斉に亡命して捕えられ、また脱出して宋・晋にゆき趙氏におちついたとき、孔子は「趙氏それ世々亂あらんか」〔左伝、定九年〕と、この男を危険視している。その後も陽虎の活躍は『左伝』に伝えられているが、哀公九年の条には、趙氏が鄭を救う兵を出そうとしたとき、史墨や史趙らとともにこれを卜し、陽虎は『周易』によってその不利を論じている。

孔子との問答における韻語や卜筮（ぼくぜい）をよくしたことからみると、陽虎は師儒の一人であったのかも知れない。『孟子』にその語を引いているのも、そのためであろう。『韓非子』〔外儲説左下〕に、「陽虎の議に曰く、主、賢明なれば則ち心を悉（つく）して以てこれにつかへ、不肖なれば則ち姦を飾りてこれを試むと。魯に逐はれ、齊に疑はれ、走りて趙にゆく。趙簡主、迎へてこれを相とす。左右曰く、虎善く人の國政を竊む。何の故に相とすると。簡主曰く、陽虎は努めてこれを取らんとし、我は努めてこれを守らんとすと。遂に術を執りてこれを御す。陽虎あへて非を爲さず、以て善く簡主につかへ、主の強を興して、ほとんど霸に至らしめたり」という一条がある。かれが旧来の世臣タイプでは律しがたい人物であったことが知られる。また陽虎は、魯・斉においてそれぞれ三人を仕官させたが、魯の三名はかれが亡命のとき捜索隊に加わり、斉の三名も斉から出奔するときかれを見棄てたと趙簡子に告げた話が同じ篇にみえる。かれには門下の士があったのである。

孔子がなぜ陽虎を避けたのか、その理由はこれでほぼ推測することができよう。孔子の当時、孔子のような生きかたをしようとした人物が、他にもいたのである。孔子のように高い理想主義を掲げることはなかったにせよ、生きかたは同じであった。古典の教養をもち、門下をもち、世族政治に挑戦して政権を奪取し、敗るれば亡命して盗とよばれ、どこを祖国とするのでもない。孔子の第二の亡命中、陽虎は北方にあって活躍し、孔子は南方で定居の地を求めていた。いわば競争相手である。その陽虎が魯で専制を成就したのである。孔子は魯にとどまりうるはずはない。『列子』「楊朱篇」には、「孔子、屈を季氏に受け、陽虎に逐はる」と明言している。これで孔子の斉への亡命の理由、及びその時期は明らかとなるであろう。しかし二年後、こんどはその陽虎が斉へ亡命してきた。孔子は斉を去らなければならないし、また魯に帰りうることになった。それで斉への亡命を、私は前五〇五年より前五〇二年の間におく。孔子四十八歳より五十一歳までの間である。景公はときにおそらく六十歳前後であろう。これで話はすべて合うのである。陽虎の対立者として位置づけられた孔子は、陽虎の亡命ののち、当然、魯の上下から注目を浴びる存在となった。しかし孔子がいくらか得意であった時期は、ものの三年もつづかなかった。孔子はなぜ失敗したのであろう。それは孔子が、革命者ではあっても、革命家ではなかったからである、と私は思う。孔子には陽虎のような、政治的手腕はなかったのである。

出国記

孔子が再び魯を逐われてながい亡命の旅に出たのは、定公の十二年（前四九八）、孔子はすでに五十五歳であった。斉から帰国して、まだ三年たったばかりである。『史記』には、陽虎事件以後の孔子について、その多彩な活動をしるしている。定公九年、公山弗擾の招聘を受けてこれに応じようとしたこと、やがて定公に起用されて中央政界に活躍し、さらに国際的な舞台でのはなばなしい成功がしるされている。公山弗擾のことは、『左伝』に定公十二年のこととしており、これは『史記』の方が正しいであろう。しかし『史記』にかくところの孔子のはなばなしい政治家としての活動、それはどうも幻想に近いものであるらしい。しばらく『史記』の叙述を追うことにしよう。

斉から帰ってきた孔子を、定公はまず中都の宰に起用した。一年のうちに、四方はみなその施政にならうほどの治績をあげた。それより司空となり、さらに大司寇に進んだという。仕官のことは『礼記』〔檀弓上〕にみえ、司寇となったことは他に『左伝』〔定元年〕・『孟子』〔告子下〕・『墨子』〔非儒〕・『荀子』〔宥坐〕・『呂氏春秋』〔遇合〕などにもしるされており、おそらく事実であろう。ただ大司寇としているのは、『史記』だけである。また司空となったことについては、他に一も言及するものがない。

定公十年（前五〇〇）、斉・魯の二君が夾谷（きょうこく）に会した。斉ではこのとき魯を畏迫して屈服させようとしたが、随行した孔子が毅然としてこれをしりぞけ、会後の饗宴のとき喧騒しながら入場しようとした侏儒の徒を、無礼をとがめて斬殺し、大いに君子の道を示した。斉ではおそれて、さきに魯から奪った鄆（うん）・讙（かん）・亀陰の田を返還し、無礼を謝した。『左伝』には侏儒斬殺の話はないが、他は同じ。多くの孔子伝は、この夾谷の会を、孔子が一代の知勇を振った国際的な事件として扱っているが、それは孔子の生涯に政治的な成功の事実を加えたいとする願望から出ているようである。鄆以下の地は、陽虎が斉に奔るとき奪った地である。魯の亡命者がみな斉に赴くのは、両国が友好の関係にないからであった。魯は久しく晋と結んで、遠交近攻の政策をとっていた。夾谷の会は、そういう魯の外交政策の転換を意味する。斉からの土地返還は、その友好政策への承認である。この前年に、斉は陽虎を執えて国外に追放しており、両国復交の条件はすでに用意されている。その友好会議の席上で、孔子が下手な芝居をするはずはない。もし随行したとしても、斉侯との面識があるからということであろう。史伝に特筆されている夾谷の会における孔子の役割は、斉との和平回復の顔つなぎ役、今ならば友好協会の会長というところであろう。

孔子が再び魯を去ったのは、執政であった季桓子に絶望したからだという。『論語』「微子篇」は説話的な記事が多く、資料としては警戒を要する部分であるが、「齊人、女樂を歸る。季桓子これを受けて、三日朝せず、孔子行る」とみえる。『韓非子』〔外儲説左下〕では、哀公が女楽を受けたことになっている。『史記』の世家にはこれを定公十四年〔前四九六〕とするが、「衛世家」にはその前年に孔子はすでに衛に来ているのである。この亡命は、孔子にとって甚だ心進まぬものであったらしい。『孟子』〔万章下・尽心下〕に、「遲々として われ行くなり。父母の國を去るの道なり」という孔子の語を録している。

斉が季桓子に女楽を帰ったのは、孔子を遠ざける策謀であったとされている。孔子が魯に用いられ、魯が強大となるのは、斉の脅威であるから、魯の政治を腐敗に導いて、孔子を政治から断念させようというのである。『孟子』〔告子下〕には、孔子は司寇となるも実際の政治に与ることができず、天を祀る郊祭の燔肉(はんにく)が大夫に分たれなかったという非礼をとがめて、冠もぬがずに早々退官したという。これらの女楽説・燔肉説こそ、おそらくことの真相を覆おうとする策謀であろう。自分の意思で亡命するのでなく、国外追放なのである。ギリシャでは死刑に相当する罪であった。中国でも古くは、悪神四凶を罪する極刑であった。この時代にあっても、正式に居留権が認められなければ、盗(とう)とよばれる身分である。何らかの重大な、政治的理由がないはずはない。

『左伝』〔定十二年〕によると、このとき孔門の子路が、季氏の家老職である宰となっている。そして子路の献策で、三家の私邑である費や郈の城壁を除き、武装を解く話がまとまった。三家の代表者は魯の国都に住み、私邑には宰をおいて管理させたが、従来の経験によると、陪臣たちはその私邑によってしばしば叛乱を起し、叛逆者たちの温床となっている。そのため子路のこの計画は容易に三家に受け容れられて、実行に移された。二年前に、侯犯の叛乱に苦しんだ叔孫氏が、まず郈の城壁を撤去した。季氏ではかなり抵抗があった。さきにも陽虎がここに拠って叛いたことがあり、今度もそのときの同志であった公山弗擾が反抗した。叔孫氏の不平分子も加わってその勢が強く、魯都をも襲撃するさわぎとなった。『左伝』ではそのとき、孔子が督戦して定公を護ったとしるしている。その結果、公山弗擾は、さきの陽虎と同じように斉に亡命した。

郈・費の二城はともかく予定通りに武装解除をしたが、孟孫氏の私邑である成は斉の地に近く、実力行使といっても容易でない。孟孫氏の権臣である公斂処父（こうれんしょほ）が、国防上の理由をあげて反対し、孟孫氏もこれに同意した。そこで定公は自ら軍を率いて成を囲んだが不成功に終り、計画は頓挫した。

この事件における孔子の立場は微妙である。計画は季氏の宰である子路の名で提案され、三家の同意のもとに進行した。途中で反抗者が出て定公が危地に陥ると、孔子がこれを助けている。孔子はこの事件のかげの立案者であったかも知れない。『史記』には、定公十三年、孔子が定公に献議してことを決したとしている。この計画は、三家が陪臣の僭上に苦しんでいる実情を逆手にとった、三家弱体化の陰謀であったともみられる。おそらく愚直なほど疑うことを知らぬ子路は、孔子の指図のままに動いたのであろう。

この事件について、不審なところが二点ある。『論語』〔陽貨〕に「公山弗擾、費を以て畔（そむ）く。召す。子往かんと欲す。子路よろこばず。曰く、ゆくことなきのみ。何ぞ必ずしも公山氏にゆかんや」。それでも孔子は、「それ我を召すものは、あにただならんや。もし我を用ふる者あらば、われはそれ東周を爲さんか」という一条である。『史記』はこれを、陽虎亡命の定公九年のこととしている。それは『史記』がよいようである。「何ぞ必ずしも」という選択的ないい方で子路が反対している点、また三都問題のときならば、子路が季氏の宰として計画の推進者であるから、「よろこばず」程度ですませることではないからである。

もう一つ、『論語』〔憲問〕に、公伯寮というものが、子路を季孫に愬えた。そのことを人から知らされた孔子は、「道のまさに行なはれんとするや命なり。道のまさに廢せんとするや命なり。公伯寮それ命をいかんせん」と怒りに近いことばを吐いている。子路の政策が、実は三家弱体化の政策であり、孔子がその運命を賭した計画であったことが、孔子のこのことばから察せられよう。計画は明らかに孔子から出ており、子路は表面の演出者にすぎない。もとより共謀である。子路は疑われて失脚するが、背後に孔子があることは衆目の見るところである。このおそるべき陰謀者を、三家が許しておくはずはない。孔子はおそらく、「冠をぬぐ」暇もなく、退去を求められたであろう。三家の立場からいえば、陽虎が武力で行なったことを、孔子は策謀を以て成そうとしたにすぎないのである。しかし孔子の考えでは、ひたすらに「東周を爲す」ことが目的であった。聖人の道を行なうのに、僭主勢力の排除を策するのは、正当にしてかつ必要なことである。しかし世間はそうはいわない。「孔子再び魯に逐はる」〔荘子・山木〕——孔子は札つきの革命者とされた。亡命の十四年間、孔子をめぐる問題は、ほとんどそこから出ているといってよい。しかし孔子の革命者としての狂簡は、いっそうつのってゆくようにみえる。

『史記』はなおこのあとに、翌十四年、大司寇より宰相のことを摂し、大夫少正卯を誅殺した事件を特筆している。その話は『荀子』「宥坐篇」に初見し、秦漢以後の書には、しばしばみえる有名な事件である。『荀子』によると、少正卯は「徒を聚めて群をなし、言談は以て邪を飾り、衆をまどはすに足る」小人の傑雄であったという。「青年を堕落させる」詭弁学派であったらしい。陽虎にしても少正卯にしても、孔子が最も鋭く対立したものは、どこかで孔子に最もよく似ている相手であった。しかし『史記』が、この記事をここに入れるために、さらに官位を進め、亡命を一年延期させているのは不都合である。その前年に、「衛世家」では孔子はすでに衛に入っているのである。従うものは、子路以下、顔淵など少数の主だった弟子たちであった。こうして十四年にわたる亡命生活がはじまる。ときに孔子はすでに五十六歳、子路は弟子のうちでは最も年長で四十七歳、顔淵以下はまだ二十歳を少し出たばかりの青年たちであった。この亡命生活は、かれらの間に強い運命共同体的な意識をうえつけ、同時に運命の問題、天の問題、人間性の問題、時政の問題などについて、思索を深める機会をも与えたであろう。それは使徒たちを伴って彷徨をつづけるナザレびとの姿に似ている。ただその彷徨の詳しい記録が残されていないことは、何としても残念である。どうして東洋人は、この大切なときにおいてさえ寡黙なのであろうかと思う。しかしともかくわれわれは、そのとぼしい資料の中から、かれらの姿を追迹してゆかねばならない。

亡命記

あてどもない亡命の旅に上った孔子の一行は、とりあえず衛へと志した。子路の妻の兄、顔濁鄒を頼ってのことである。幸い衛の霊公（前五三四～四九三）は意外に好意的で、捨扶持さえくれた。『史記』には、粟六万石であったという。しかし亡命中の消息についての『史記』の記述は、特に混乱が多くて、ほとんどあてにならない。六万石の粟を与えた霊公は、まもなく讒を信じて孔子に見張りをつけさせる。孔子は不安になって十ヵ月で逃げ出し、陳に行く途中、匡人に囲まれ、五日間も拘囚される。孔子は衛の寧武子に連絡してようやく蒲に赴いたというが、寧武子は春秋中期、すなわち孔子より遥か前の人である。月余にして衛にかえり、蘧伯玉（きょはくぎょく）の世話になった。霊公夫人の南子が是非にもというので、この不評判な夫人とも会見した。一月あまりのち、霊公が夫人と同車して市中をめぐったとき、孔子も車で従ったが、不愉快なので曹にゆき、また宋に赴く。ここで桓魋（かんたい）の難にあう。大樹の下で弟子と礼の学修をしていると、桓魋はその大樹を抜いて孔子を殺そうとする。この男は、のちの孔門の司馬牛の兄である。ようやく難を脱して鄭に行ったが、弟子たちともはぐれるような難儀ぶりであった。東門にひとりたたずむ孔子の姿を、人は「喪家の狗」のようだといった。子貢が追いついてそのことをいうと、孔子は愉快そうに「然るかな、然るかな」といって笑った。陳に入って、司城貞子の家に足をとどめた。一年あまりして、呉王夫差が陳を伐って三邑をとり、蔡は楚に攻められて呉に遷った。あるとき、矢を受けた隼が陳の宮廷に落ちて死んだ。孔子が矢を鑑定して、この隼は東北の粛慎から来たものだとその博識を披露する。陳に三年世話になったが、呉の攻撃が相変らずやまないので、「帰らんか、帰らんか」という歎を発して陳を去り、蒲を通ったところ、また止められてしまう。幸い陳での弟子である公良孺が私車五乗で従っており、その奮闘によって救われる。蒲人と、衛にはゆかぬと約束して釈放されるのだが、孔子はそのまま衛に赴く。霊公がまた喜んで迎えてくれた。孔子は蒲の討伐を霊公にすすめるが、霊公は老いて孔子を用いる意なく、孔子はまた衛を出てゆく。北方では趙簡子が中牟(ちゅうぼう)の宰である仏肸(ふっきつ)を討伐し、仏肸から孔子に招聘がとどく。孔子は早速行こうとするが、子路が反対して果たさなかった。この悤忙のうちで、孔子は琴を師襄子に習い、文王操の一曲の伝授を受ける。孔子は河を超えて趙簡子に会いたいと思ったが、二人の賢人が殺されたと聞いて断念する。こうしてまた衛に反り、蘧伯玉の世話になる。ある日、霊公が軍事のことを孔子に問うたが、一向孔子を用いる様子がないので、また陳にゆく。衛では霊公没し、国外に亡命していた太子を趙は擁立しようとし、かつての魯からの亡命者陽虎が、策を用いて潜入している。魯では哀公三年（前四九二）、廟が焚けた。孔子は陳にいて、それは桓・僖の廟であろうといったが、その通りであった。その秋、季桓子が病気となり、孔子を用いなかったため魯の衰微したことを歎き、自分が死んだら孔子をよびかえして相とするように、季康子に遺言する。季康子が嗣ぎ、とりあえず冉求をよぶことになって使者がとどくと、孔子はまた「帰らんか、帰らんか」の歎を発してこれを送る。明年、孔子は陳より蔡にゆき、さらに楚の葉（しょう）にまで赴いて、葉公と意見をたたかわせる。また蔡に反る途中、長沮（ちょうそ）・桀溺（けつでき）や荷篠丈人（かじょうじょうにん）に会う。蔡で三年をすごし、陳・蔡の間で糧食を絶たれる厄にあう。孔子が楚に用いられると、陳・蔡は一たまりもあるまいというおそれからである。「吾が道、非なるか。われなんすれぞここにおいてする」という歎を発するのはこのときである。楚の昭王が、危急を聞いて軍を出して孔子を迎え、所領を与えようとするが、令尹子西の反対で沙汰やみとなる。楚狂接輿（しょうよ）が「鳳や鳳や、何ぞ徳の衰へたる」という歌を歌って走り去った。かくて孔子は楚より衛に反るが、ときに年六十三。衛では嗣君問題のもつれがあり、孔子には政治参与の機会も与えられない。やがて冉求の推薦で季康子から召還のしらせがあり、衛の孔文子のとどめも聞かずに魯に向う。実に十四年ぶりのことである。孔子は六十九歳であった。

ながながと『史記』によって亡命記をつづってきたのは、『史記』の文が全く小説であって、ほとんど史実性に乏しいことを明らかにするためであった。矛盾は随処にある。一々考証する余裕はないが、崔東壁の『考信録』をよまれるだけで十分であろう。『史記』によるとその全行程は数千キロ、東西南北の人とみずから称する孔子にとっても、とても消化し切れる旅程ではない。『史記』はこの十数年の空白を、どのようにうめるかに苦慮しているだけである。『史記』によると、旅程は次のようになる。

衛（定十四年）―匡―蒲―衛―曹（定十五年）―宋―鄭―陳―蒲―衛―河―衛―陳（哀二年）・蔡（哀四年）―葉（哀五年）―蔡―陳・蔡（哀六年）―楚―衛―魯（哀十一年）

しかしその資料を整理してゆくと、孔子の経過したところは、衛―宋―陳・蔡―葉―衛―魯となる。亡命ののち、衛から一度南行しただけである。『荘子』〔譲王・天運・山木・漁父〕に「夫子再び魯に逐はれ、迹を衞に削られ、樹を宋に伐られ、商周（宋）に窮し、陳・蔡に圍まる」というのがほぼ的確で、『史記』の数千語にまさる。それで亡命中の重大な事件にだけふれておく。

孔子の経歴の順序からいうと、南行の途次、匡で囲まれたのが最初の災厄であるらしい。『論語』にも、そのときのことを伝えている。

子、匡に畏す。顔淵後る。子曰く、われ女を以て死せりとおもへりと。曰く、子在すに、回、何ぞ敢て死せんと。〔先進〕

子、匡に畏す。曰く、文王すでに没したれども、文ここに在らずや。天のまさに斯文を喪ぼさんとするや、後死者は斯文に与かることをえざらん。天のいまだ斯文を喪ぼさざるや、匡人それ予をいかんせん。〔子罕〕

斯文とは、孔子が理想とする周の礼楽文化の伝統をいう。斯文の回復、斯文の伝統を樹立することこそ、天が孔子に与えた使命であった。衛での亡命生活は、このときおそらく六、七年にも及んでいたであろう。孔子は再度の亡命によって、おそらくはもはや政治上の成功を期しがたいことを自覚していたであろう。そしてこのような歴史的なものの自覚とその伝達とに、使命を感ずるようになっていたであろう。孔子がはじめてみせた、壮麗なことばである。この災厄は、『史記』によると、孔子が陽虎と似ているので、誤って包囲を受けたのだという。陽虎がこの地に入ったとすれば、それは衛の継嗣問題が起ったとき、趙簡子の命を受けて、宋に亡命中の太子を衛地の戚に潜入させたことがある。『左伝』〔哀二年〕にそのことがしるされている。孔子が「衛に迹を削られた」というのは、この陽虎が衛に入り、継嗣問題がからんで、孔子はその待遇を停止されたのであろう。事実はどうも人違いというようなことではなさそうである。人違いで、五日も包囲されるはずがない。顔淵が殺されたのではないかと危惧されるほど、危険はさしせまっていた。推測にわたることになるが、これは陽虎の策略であったかも知れない。陽虎も師儒の風のある男である。孔子の一生は、ある意味ではこの陽虎との対決であった。師儒出身の辣腕家である陽虎に対して、孔子はやはり理想主義者であった。「斯文ここに在らずや」という壮語は、あるいは陽虎を意識してのことかも知れない。『荘子』〔秋水〕によると、孔子はこのときなお絃歌して楽しむことをやめなかった。やがて指揮者が出てきて、「陽虎と人違いしたものですから」と兵を解いて去ったという。これは荘子流の解釈であろう。いずれにしても、ことは陽虎が衛に入ってからのことである。孔子が衛に来て、すでに六年を経ていた。

匡での包囲はいちおう人違いということになっているが、宋で受けた災厄は、明らかに孔子に危害を加えようとするものであった。『論語』には、

天、徳を予に生ず。桓魋それ予をいかんせん。〔述而〕

という一条を録する。匡において「匡人それ予をいかんせん」といったのに似たいい方である。『史記』には孔子が大樹の下で礼の稽古をしていると、桓魋が孔子を殺そうとして大樹を引き抜いてしまう。孔子がぐずぐずしているので、弟子たちが早く早くという。そのとき孔子はこの壮語を吐いたという。『孟子』にこの事件をしるしており、「孔子、魯・衛に悦ばれず、宋の桓司馬の、まさに要へてこれを殺さんとするに遭ふ。微服して宋を過ぐ」〔万章上〕とあって、抜樹というような勇ましい場面もなく、壮語もしていない。孟子のときそのような伝承があれば、事を好み弁を好んだ孟子のことであるから、特筆に大書してその語を掲げないはずはない。桓魋は宋の景公の臣で有力な男であ

ったらしく、『左伝』にもみえる。

孔子が衛から陳に赴く途中、匡で包囲され、また宋を微服して過ぎようとしたのは、いずれもその背後に陽虎の問題があるらしい。宋を微服して通過しようとしたのは、桓魋の襲撃を受けることが予想されたからであり、『史記』の陳世家は孟子説によって記述している。桓魋がなぜ孔子を殺そうとしたのか。それを説くものはなく、またその事情を推測させる事実もない。しかしそれが、衛の継嗣問題や、宋の内乱含みの政情と、無関係であったとは思われない。桓魋は宋の寵臣であり、さきに公子地など有力な公族を滅ぼしている。内外に敵の多かった人物であろう。のち弑殺を図ってそのことがあらわれ、衛に亡命した。司馬牛もこのとき呉に亡命したが、趙簡子がよび寄せている。司馬氏はかねてから陽虎を通じて趙とも連絡があったのであろう。司馬牛はのち孔門に帰したが、孔子はかれに「君子は憂へず、懼れず」〔顔淵〕と教えている。また子夏に、その孤独をなぐさめられている話〔同〕もある。牛は孔子に対して、原罪的なものを感じていたのであろう。ともかくこの司馬氏が、陽虎と通じていたらしいことは、いちおう考えうるのである。孔子としては、ここにも陽虎との対決があった。だから匡の場合と同じような壮語を発したとしても、別にふしぎはない。しかしそれにしても、抜樹の話はすこしできすぎている。孟子のいうように、微服してその難を避けたとするのが事実に近いであろう。

孔子は陳にあること三年、さらに楚を志して南行する。このころ陳は呉が再三にわたって侵入を企て、楚が陳を救うため兵を出すという状態で、混乱を極めていた。一行はいつのまにか、その作戦地に入りこんでいたらしく、糧食にこと欠くありさまで、従者はみな寝こんでしまった。子路が腹を立てて、「君子もまた窮することあるか」と孔子に問う。「君子もとより窮す。小人窮するときは斯ち濫す」〔衛霊公〕と孔子はこれをたしなめる。しかし孔子とても、このような悲運に安んじているわけではない。「詩にいふ。兕にあらず虎にあらず、かの曠野に率ふと。わが道非なるか。われ何すれぞここにおいてする」と思わず歎息し、自己への懐疑をもらす。しかし賢い顔回は、師を慰め顔にいう。「先生の道は立派すぎます。それで受け容れるものがないのですが、それでこそ君子であることがわかるというものです」。孔子はこれを聞いて、にっこりしたという。

「わが道非なるか」という孔子の自己懐疑には真実性があり、「容れられずして、しかる後に君子を見る」という顔回の語は、孔子の南遊にまつわる楚狂や丈人の話とともに、荘周一派の好みがあるようにみえる。

陳蔡の厄は、先秦の書に言及しないものがないほど、有名な受難であった。『史記』には、この災厄は、孔子が楚に用いられることを阻止するため、陳蔡の大夫が共謀して実力行動に出たのだという。当時、陳楚は友好、蔡楚は不仲であった。この敵味方関係のものが、共同謀議をするはずはない。『孟子』〔尽心下〕に「君子の陳蔡の閒に厄するは、上下の交を失ひたればなり」という。当時、一行の消息は一時不明となり、補給が絶えたのであろう。この事件には、陽虎は関係がない。孔子が南遊を決したのも、そこに新しい自由を望んだからであろう。孔子は楚の葉公に会うことができた。『論語』〔述而・子路〕に三条の問答がみえる。葉公は恩義の少ない、法治論者であったらしい。楚の賢者として知られる葉公に絶望した孔子は、まもなく陳にひきかえす。

歸らんか、歸らんか。わが黨の小子狂簡、斐然として章を成す。これを裁する所以を知らず。〔公治長〕

「歸らんか、歸らんか」の歎は、おそらくこのとき発せられたものであろうと思う。今や孔子にとって、すべてのことは終った。周公の道の実現を求めて彷徨をつづけたこの十数年は、決して無為ではなかった。しかし七十に近い頽齢の孔子には、もはや安息が必要であったし、郷党からの消息によると、孔子の帰国を迎えようとする用意も進められている。季氏の招聘を受けた冉求が、着々と地歩をきずき、新しい教団も生まれているようである。その青年たちは、孔子の声望を慕い、新しい理想にもえている。孔子はそれらの狂簡の士に、残りの希望をかける。帰心はすでに矢のようであった。哀公十一年（前四八四）春、季氏の宰冉求は、魯を侵した斉と戦って武功を建てた。季氏との和解が成り、孔子は魯に迎えられる。その秋、孔子は魯に帰ってきた。亡命以来、実に十四年ぶりである。孔子は六十九歳であった。

夢と影と

資料の示すところによって孔子の生涯をたどると、大体以上のようである。帰国後の孔子については、あまりいうべきことはない。子の鯉を失い、ついで顔淵を失った孔子は、「ああ、天われを喪ぼせり」〔先進〕という深い悲しみに沈む。亡命中の苦楽をともにした子路も、衛で非業の死を遂げた。しかし思想家として円熟した孔子は、七十四歳で没するまでの数年間を、弟子たちに囲まれて、意義深く、幸福感にみちて送ったであろう。「われむしろ二三子の手に死せん」〔子罕〕といった孔子は、ことばの通り、弟子たちの心喪三年の服喪を受けた。碧眼のクリールが、「一生涯のうち三年をこれに費すというようなことは、西洋人の頭にはほとんど理解できないことである」としながらも、この時期に弟子たちの公的活動がほとんど記録されていないという事実から、「奇蹟はやはり実際に起きたことだと信じうるのである」〔孔子・田島道治訳、七二頁〕としるしている通りである。

孔子の死は平穏であり、平凡であった。『礼記』の「檀弓」〔上〕に、その没する七日前の朝早く、「泰山それ頽れんか。梁木それ壊れんか、哲人それ萎まんか」と歌って死を予言したというのは、もちろん作りごとである。ソクラテスやキリストにおける死は、死することが生きることであった。しかるに孔子には、死についての記録がない。もちろん『春秋』の経文には、哀公の「十有六年夏四月己丑、孔丘卒す」としるされている。そして哀公からは、弔祭の辞である誄を賜うている。しかしその死が、特別の意味をもつとする伝承はない。和辻博士はその「死を含んでいない」〔孔子、一三七頁〕伝記の意味を、別の理由から重要とされている。確かにすぐれた指摘であるが、「いまだ生を知らず。焉んぞ死を知らん」〔先進〕という孔子の立場からすれば、生きることがすべて死への意味づけであった。しかも「生を求めて以て仁を害することなく、身を殺して以て仁を成すことあり」〔衛霊公〕というように、死は生のうちに含まれている。孔子の死がどのように偉大な死であったかは、クリールが驚きをもってしるしている、弟子たちの心喪三年という事実によって示されていよう。

孔子の生涯にわたる、伝記的な事実の叙述は終った。しかし事実は必ずしも真実ではない。事実の意味するところのものが真実なのである。孔子を大聖として書くことは、むしろやさしい。それは、孔子の伝記的事実のなかに、美しい語録である『論語』のことばを、適当に加えれば、構成できるからである。「孔子世家」以来の多くの孔子伝は、その形式をとっている。しかし事実の意味を解くことは、実は容易ではない。意識の底によどむあるものにも、照明を当てなければならぬからである。ソクラテスがダイモンのささやきを語るとき、それは何を意味するのか。デルフォイの神託に、どうしてあれほどの献身を必要とするのか。聖者といわれる人には、そういう不可解な面があるものなのだ。孔子の伝記のうちにも、その行動を説明する何かが必要なときがある。孔子の言動には、人が夢みるときのような、何か美しいものを感じさせるときがある。あるいはまた、何かの幻影に怖れおののくような姿がある。孔子のもつ夢と幻影とについて、しばらく自由に語らせてほしい。

孔子は巫女の子であった。父の名も知られぬ庶生子であった。尼山に祈って生まれたというのも、世の常のことではなさそうである。あのナザレびとのように、神は好んでそういう子をえらぶ。孔子はえらばれた人であった。それゆえに世にあらわれるまでは、誰もその前半生を知らないのが当然である。神はみずからを託したものに、深い苦しみと悩みを与えて、それを自覚させようとする。それを自覚しえたものが、聖者となるのである。

孔子は、一生夢をみつづけた。夢に出てくるのはいつも周公であった。殷周の革命、西周の創業をなしとげたこの聖者は、明保として周の最高の聖職者であり、また文化の創造者であった。同時にこの聖者はまた、悲劇の聖者でもあった。孔子は晩年のある日、

「甚だしいかなわが衰へたること。久しいかな、われまた夢に周公を見ず」〔述而〕と歎いている。孔子は生涯、周公を夢にみ、周公と語りつづけていたのであろう。周公が何を語ったのかは知られない。「斯文を喪ぼすことなかれ」というような、命令形のものであったように思われる。それで孔子は、安んじて天命を語ることができたのである。それでなくては、天命を語ることは冒瀆にひとしい。

孔子には、もう一つ幻影があった。それはダイモンのように識られざる神の声ではなく、現実の人物として行動する。しかし孔子は、おそらくその人物のうちに、ダイモンのようなふしぎな何ものかの影を感じ、これを怖れ、ときには反撥し、ときには憎悪を抱いていた。少なくとも私には、そのように、思われる。それは陽虎という男であった。陽虎は、『論語』や『孟子』に、陽貨という名でみえる人物である。

『史記』によると、孔子と陽虎との出会いは、孔子がまだ十七歳にもならぬときのことである。季氏が士を饗したとき、孔子も文学を修めるものの一人として参加した。すると陽虎がいて、「季氏、士を饗す。敢て子を饗するに非ざるなり」といって孔子を退けた。このとき孔子はまだ母の喪中であったというのが、『史記』の解釈である。「世家」のうち、出所の知られない記事の一つであるが、これはあるいは陽虎系統の資料の残片が挿入されているのではないかと思う。

陽虎は、すばらしい文辞の持主であった。それは「陽貨篇」の首章にみえる、孔子との問答（三五頁）をみれば明らかである。かれはまた巫史の学にも通じていた。『左伝』〔哀九年〕には、かれが『周易』を以て戦の吉凶を卜っている記事がある。孔子学派の手に成るこの文献に、このような記事があるのはなぜか。それはおそらく、陽虎もまた孔子のように、師儒から起って、時政の改革に立ち、門弟をもち、ときの貴族政治に挑戦した人物なのであろう。おそらくその学派の伝えた資料は、儒学の隆盛によって失われたのであろうが、いくらかは儒家の資料にもまぎれこんでいるのである。

陽虎は、孔子より多少年輩者であったらしい。かれは早く季氏につかえたが、三家の政治に強い不満をもった。三家をとらえて専制を確立したのも、かれにとっては革命の行動であった。公山弗擾も、そのとき陽虎の一味であった。陽虎は、おそらく孔子を自分の同志たりうるものとして、招聘しようとしたのであろう。しかし孔子はかれを敬遠した。そして公山弗擾の招聘には、進んで応じようとしている。かれらの考えていることとは、おそらく似ていたはずである。だが孔子は、陽虎を拒否した。陽虎が専制に成功すると、孔子はさっそく斉に亡命して、古楽の研究などをしている。

陽虎は三年後に失脚した。三家が一致して、その勢力を回復しようとしたからである。陽虎は魯侯の君位の象徴である宝玉大弓を竊み、斉に亡命した。象徴のあるところに、正当に君権があるという考えであろう。斉でもかれは君側に門下の者をつけ、かなりの勢力を擁していた。陽虎が亡命してくると、孔子は倉皇として帰国した。やがて夾谷の会によって魯斉の関係が改善され、斉では陽虎をとどめておくことができず、執えようとしたが、かれはたくみに亡命し、宋に奔り、晋に赴いて趙簡子のもとに落ちつく。陽虎が遠く去ったあとは、孔子の天下である。子路が季氏の宰となり、孔子も国政に参加した。しかし孔子の三桓抑制策も、陽虎と根本において異なるものではない。子路に策を授けてその私邑の武装解除をはかる。はじめは順調であったが結局失敗し、孔子も陽虎と同じ運命をたどった。しかし今度は、斉にゆくことはできない。それで縁故を求めて衛に奔った。

衛では相当の待遇も与えられ、弟子もそれぞれ仕官したであろうが、しかし国政に参加することは許されなかった。ともかく、居心地はまずまずというところであろう。ところがここでもかれは、幻影におびやかされる。哀公の二年（前四九三）、パトロンであった衛の霊公が没すると、宋に亡命していた太子を晋が支援して、衛に入国させたのである。その首謀は趙氏、太子を奉じて潜入に成功したのは、晋に亡命していた陽虎である。幻影は目の前にあらわれた。孔子はまた倉皇として、南方の陳に逃亡する。途中で匡に囲まれ、宋では桓魋の襲撃を受ける。弟子たちにも不安の色が濃い。この絶望的な雰囲気の中で、孔子は周公の声を聞くのである。「天のいまだ斯文を喪ぼさざるや、匡人それ予をいかんせん」、「天、徳を予に生ず。桓魋それ予をいかんせん」。ひそかに追いすがる幻影におそれる孔子は、周公の声で生気を回復する。

「陽貨篇」には、陽貨や公山弗擾の話とともに、仏肸の話が記録されている。仏肸は晋の中牟の宰であるが、その地に拠って晋に叛き、孔子を招聘しようとする。子路はこのときも強硬に反対した。「佛肸、中牟を以て畔く。子の往かんとするは如何」と強い調子である。孔子はこれに対して、「真に堅いものは、磨いても減らぬ。真に白いものは、染めても黒くはならぬ」といい、「吾あに匏瓜ならんや。いづくんぞよく繋りて食らはれざらん」と、孔子に似合わしからぬいい方をする。何かの執念にとりつかれているような語気である。仏肸の叛乱は、たぶん『左伝』にしるす哀公五年（前四九〇）、趙鞅が衛を伐ち中牟を囲んだときのことであろう。中牟はもと衛の地であり、このときその帰属をめぐって、晋・衛の間に問題が起ったのだとみられる。孔子はすでに衛を離れ、陳にいた。おそらくそこへ、仏肸からの招聘が届いたのであろう。陽貨はどうしているか。晋・衛がうまく行かぬとすれば趙へ帰っているはずである。幻影は去っている。その幻影に一撃を与えねばならぬ。孔子の心は反撥と憎悪に涌いている。はしたないようなこの語気が事実とすれば、私はやはりその幻影に対することばであったと解したい。幻影に対することばであるから、これは当然実現はしなかった。

孔子はさらに南して楚に遊んだ。ここには幻影はあらわれなかった。しかし幻影のないところに、緊張もなかった。孔子はおそらく、のちの叛乱者である白公などの徒に多少の影響を残して去った。孔子と意見の合わなかった葉公が、その白公の乱を平らげている。

すべての希望を失って、孔子はまた陳に引きかえした。すでに七十に近い孔子にとって、この上の彷徨はむりでもあり、不可能でもあった。魯では冉求や有若が、孔子の復帰工作をつづけている。孔子追放の首謀であった季桓子もすでに没し（前四九二）、冉求も季氏の宰の地位をえている。季氏に孔子復国の諒解をとりつけると、急使が立った。故国での小子狂簡のようすも報告された。孔子は即刻、帰国を決意する。

孔子は衛にたち返った。『史記』によると、孔子は仏肸の叛をたすけようとした後に、趙簡子に会うために一度河上に臨んだが、二人の賢人が殺されたと聞いてその希望をすてたという。しかし思うに、それはありえないことである。趙簡子は陽虎の主人ではないか。陽虎は哀公九年（前四八六）にはまだ健在であった。もし孔子が河上に臨んだとすれば、それはこの帰国の途次であったであろう。孔子ははじめ晋に入る希望を持っていたらしいが、陽虎がその地に亡命したために、それを果たさなかったのである。そしていま、陽虎はおそらく死んだのであろう。帰国のことが決定していなければ、孔子はこの黄河の流れを越えたかも知れない。しかし帰国が決している今では、その機会はすでに去っている。孔子は河に臨んで歎じていう。

美なるかな水や、洋洋乎たり。丘のこれを濟（わた）らざるは、命なるかな。

孔子はここでようやく、幻影と訣別する。それは天の命なのであった。『論語』に、「子、川上に在りて曰く、逝くものはかくの如きかな、晝夜を舎かず」〔子罕〕とあるのが、おそらくそのときの語であろう。

帰国してからのちの孔子は、もはや幻影に苦しむことはなかった。同時に、周公を夢みることもなくなった。しかし、幻影は果たして陽虎の幻影であったのであろうか。幻影は自己にだけみえるものである。それは陽虎を媒体とする自己の影であったのではないか。自己の理想態に対する否定態としての、堕落した姿を、孔子は陽虎のうちに認めていたのではないか。孔子はつねに周公を夢みることによって、理想態への希求を捨てなかった。それが孔子の救いであった。はじめての亡命以来、二十二年の間、孔子は一つの声と、一つの影の中でくらした。それは何れも、孔子自身が作り出したものである。

人は誰でもみな、そういう声を聞き、影をみながら生きる。それが何であるかを、はっきり自覚する人は少ない。その意味で、孔子やソクラテスのような人は、稀な人格であった。偉大な人格であった。そしてもしそのことに注意しなければ、この偉大な人格の生涯を貫くリズムを、把握することは困難であろう。孔子の亡命生活、従ってその生涯の主要な部分には、緊張した美しいリズムが流れている。「二三子、我を以て隠せりと爲すか。われ、なんぢに隠すことなし。われ行ふとして二三子とともにせざるものなし。これ丘なり」〔述而〕と孔子みずからがいうにもかかわらず、孔子の身辺には一種の神秘主義がただよう。弟子たちが「隠す」と感じたものは、おそらくその美しいリズムを動かしている何ものかを感じとっていたのであろう。私も孔子の生涯のうちに、そのようなリズムの流れを感ずるのである。

第二章　儒の源流

伝統について

儒教は孔子によって組織された。そしてそののち、二千数百年の久しきにわたって、中国における思想の伝統を形成した。伝統とは、民族の歴史の場において、つねに普遍性をもつものでなければならない。政治も道徳も、その他の人間的な生きかたのあらゆる領域に、規範的な意味においてはたらくもの、それが伝統というべきものである。孔子は、その伝統を確立した人である。先秦の思想家たちによって、多くの思想が生み出されたが、儒教のような意味での伝統を樹立しえたものはない。

しかし、伝統の樹立とは、具体的にはどのような事実を意味するのであろうか。伝統が過去の継承である以上、それには伝統の起るところがなければならない。少なくとも民族として、一つの精神的様式をなす、起源的な先行の形態が、歴史的にあるのでなければならない。儒教の起源が説かれる場合、多くは『詩』『書』などの古典の学があげられる。しかしそのような古典は、すでにある一つの伝統ではあっても、それは直ちに民族の精神的様式として、一般化しうるものではない。人々の生きかたのあらゆる領域にはたらきながら、そのはたらきを通じて精神的定型ともいうべきものを形成し、発展させてゆくものが伝統であるとすれば、それはきわめて多元的・包摂的でありながら、しかも体系をもつものであることが要求される。その条件をみたしうるものが、伝統でありうるのである。そしてそれをはじめてなしとげたのが、孔子であった。

孟子は孔子のこのような事業を、「集大成」〔万章下〕であると称した。そしてまたそれを、楽章のはじめと終りの楽器にたとえて、「金聲にして玉振す」〔同〕ともいっている。集大成とは、多元にして包摂的な伝統の形成過程を述べたものであり、金声にして玉振すとは、その精神的な様式としての完成、定型化をいうものと解することができよう。孟子のこのことばは、孔子の精神的活動の全体を、きわめて的確に表現している。この民族のもつ伝統としての、儒教の精神的な定型性は、たしかに孔子によって与えられたものである。しかし孟子のいう集大成の意味するところについては、孟子は具体的には何も述べていない。私はそれを私なりに解釈して、そこに儒の源流を求めたいと思う。

儒教は、中国の旧社会の歴史を通じて、支配的なイデオロギーであった。このような伝統の成立は、おそらくはその遠い過去に深く根源するところをもち、またその社会生活の全体に浸潤する、広範な意識の諸形態の綜合として、はじめて可能であることは、容易に推測しうることである。儒教は、決して単なる古典学の延長の上に、成立したものではない。儒の源流は、そのような古典学の流れをも含みながら、おそらくはさらに遠い過去の伝承に発し、それぞれの伝承のもつ多様な意識の諸形態を吸収しつつ、この民族の精神的ないとなみの古代的集成として、成立してきたものであろう。孟子のいう集大成を、私はこのようなものとして理解する。

私はさきに、孔子が巫祝の子であり、おそらく巫祝社会に成長した人であろうと述べた。それはその伝記的事実の解釈から自然に導かれたものであるが、儒教の組織者としての孔子を考えるとき、このことはまた、必要にして不可欠の条件であったと思われる。古代の思想は、要約すれば、すべて神と人との関係という問題から、生まれている。原初的な信仰から、思想が生まれ、また宗教が生まれるのであるが、それは民族的な精神の自覚の方向によって、そのいずれかが選択されるのである。私はここでも、デルフォイの神託の意味を問いつづけたという、ソクラテスのことを想起する。それはやがて、その門人たちによってみごとな形而上学に展開するが、これに対して儒教は、きわめて実践性の強い思想として成立した。それはおそらく孔子が、巫祝たちの聖職者によって伝えられる古伝承の実修を通じて、その精神的様式の意味を確かめようとしたからであろう。

孔子は学を好む人であった。憤を発しては食を忘れ、楽しんでは憂いを忘れ、老いゆく身をも気づかぬ〔述而〕ほどの人である。しかし孔子が学んだものは、必ずしも古典ではない。古典の学は、このときなお未成熟であった。しかも孔子の学は「學んでときに習ふ」〔学而〕というように、実修を必要とするものであった。孔子は桓魋の厄にあたって、身に危険の及ぶときでさえも、なお樹下に礼を習うことをやめなかった〔史記・世家〕といわれるが、実修こそ、孔子の教学の根本であった。それは孔子の学が、本来巫史の学であったからである。孔子はその実修を通じて、伝承の世界を追体験し、その意味を再解釈し、それを意義づけようとした。これらの伝承はおおむね神事や儀礼に関しており、巫史たちによって伝えられてきたものである。儒の源流は、そのような巫史の学に発している。

孔子はみずからの学を、「述べて作らず」〔述而〕といったが、孔子においては、作るという意識、創作者という意識はなかったのかも知れない。しかし創造という意識がはたらくとき、そこにはかえって真の創造がないという、逆説的な見方もありうる。たとえば伝統が、形式としてあたえられるとき、それはすでに伝統ではないのと同様である。伝統は追体験によって個に内在するものとなるとき、はじめて伝統となる。そしてそれは、個のはたらきによって人格化され、具体化され、「述べ」られる。述べられるものは、すでに創造なのである。しかし自らを創作者としなかった孔子は、すべてこれを周公に帰した。周公は孔子自身によって作られた、その理想態である。

孔子は周公を理想としたが、それは必ずしも古典学の結果として導かれたものではなさそうである。『詩』には周公のことはみえないし、周公のことがみえる『書』の「周書」の諸篇は、先秦の書にはあまり引用されず、当時の古典学ではすでに十分には理解されなかったのではないかと思う。おそらく孔子は、周公の子孫である魯国に伝えられた礼教的文化が、周公の創始するところであるとされるところから、周公を理想としたのであろう。しかし孔子が、どのような理由にもせよ、その精神的な営みの一切をあげて周公に帰していることは、民族の伝統という立場からみて、きわめて意味深いことであると思われる。伝統においては、完成された個性はすでに個性ではなく、その人格の全体が伝統の場となる。述べるものはその個性でなく、伝統の場としての没主体の主体であるといえよう。「述べて作らず」という一章においては、孔子はさらに遠く、おそらくは神巫の名と思われる老彭への回帰を語っている。もともと、「述べて作らず」というのは、巫史の伝統であった。しかし巫史の学には歴史意識がない。孔子はその学を、歴史的世界の場で、真の伝統に転化したのであるが、そのことについては後章にふれよう。

私はこの章の問題を考えながら、しばしばわが国における伝統の問題に思いをはせた。伝統とは民族的合意である。儒教は少なくとも、中国における旧社会の伝統であった。しかしわが国の場合、そのような意味での伝統は、はたしてあったであろうか。またそれにかわりうるものがあったであろうか。いま直接そのことが問題ではないとしても、儒の伝統がどのように深い根源に発するものであるかについて、またその基盤の多元性と矛盾とが、個を通じて、すなわち孔子の具体的な人格を通じて、どのように止揚され純化されてゆくかについて、多少の考察を試みておきたいと思うのである。

大儒と小儒

孔子の教団に属する人々は、儒とよばれた。孔子自身も、かつて弟子の子夏に、「女、君子の儒となれ。小人の儒となること勿れ」〔雍也〕と教えたことがある。儒に君子と小人の儒とを区別するのは不審なことのようであるが、これはおそらく理由のあることであろう。儒にも種々の階層があったらしいのである。孔子がみずから儒と称しているのであるから、他の人々からも、その学派はもちろん儒とよばれた。『荘子』の「外物篇」に、墓の盗掘をする儒の話がみえている。大儒と小儒と、二人組の盗掘者である。

> 儒、詩禮を以て冢を發く。大儒、臚傳（声をおくる）して曰く、東方作けたり。事はこぶことといかんと。小儒曰く、いまだ裙襦（喪衣の下着）を解かざるに、口中に珠あり。詩にもとよりこれあり。曰く、青々たる麥、陵陂（岡べの土手）に生ず。

生きて布施することもせざりしに、死して何ぞ珠を含むことを為さん、と。その鬢(よこがみ)を接(と)り、そのあごひげをおさへ、儒、金椎(かなづち)を以てそのおとがひを控(う)つ。徐ろにその頬を別ちて、口中の珠を傷つくることなかれ。

さすがに儒であるから、応答はすべて詩礼に合し、いうところも理にかなう。墓中の人も異論のあるはずがない。

荘周は、その学は淵博にしてうかがわざるところなく、特に儒学に深かったとされている人であるから、つくり話にもせよ、この話には注意しないわけにはゆかない。墓の盗掘は非常に古い時代から行なわれており、殷王の地下陵墓さえも、調査の結果、早期に盗掘を受けていた事実が知られている。厚葬の風が存するかぎり、貴重な宝物や装飾品を多く副葬する貴戚や豪族の墳墓は、おおむね盗掘を免れなかった。後漢の劉歆(りゅうきん)の『西京雑記(さいきょうざっき)』によると、漢の王族で広川(こうせん)王であった去疾は、盗掘を好み、多く無頼の徒を用いて領内の古墓を発し、その記録を残していたことがしるされている。

陵墓は古く地下深く設けられ、地上からはその所在が知られず、また棺をおく玄室に通ずる地下の羨道も、その坑道中にこれを遮断するものなどをおいて、盗掘者を防いだものである。それにもかかわらず、もし陵墓の事情に通じ、容易に盗掘をなすものがあるとすれば、それは一味のうちに、送葬の際の関係者があるものとみてよい。『荘子』にいう大儒・小儒は、おそらくそのような葬礼の関係者であろう。かれらはその作業を、

「詩禮を以て」行なっている。『詩』も『礼』も儒家の重要な教科であった。盗掘にあたっても詩礼をもってするという戯画的な描写のうちに、荘周は堕落した儒の一面を告発しようとしたのであろう。しかしそれはまた、儒の起源についても、深い示唆を与える。

儒教のような一定の思想信条をもち、儀礼の実修を行なう教団的組織が、十分な社会的基盤や伝統の継承なくして成立しうるものではない。思想は、社会的に特定の立場にある階層、もしくは集団が、その存在の根拠として形成するものであるから、儒家はもとより、墨子にしても老荘にしても、その思想は、いずれもその社会的基盤をもっている。それでそのイデオロギーが思想として成立し、発展し、体系化されたのちにおいても、なおその原質的な特徴は、容易に失われるものではない。大儒・小儒の話なども、儒の原質に関するところがあるように思われる。

儒家の経典とされているものには、おどろくべきほど喪礼に関する記載が多い。漢初に儒家の学説を集成して作られた『礼記』四十九篇のうち、その半ば以上は喪葬に関する文献であり、他の諸篇にもやはり喪葬や祀礼に関する記述が、多くみられる。『礼記』の本経とされるものは『儀礼』であるが、その「士喪礼」の一篇は、魯の哀公の命によって、孔門の孺悲が記録したもの〔礼記・雑記〕だという。孺悲は、孔子にはあまり歓迎せられざる弟子であったらしく、『論語』の「陽貨篇」によると、孺悲がたずねて来ても孔子は居留守を使って会わず、使者が門外にたち去ると、孔子はことさらに、「瑟をとりて歌ひ、これをして聞かしめ」たという。孔子にとって、喪礼の記録などをする男は、いわゆる「小人の儒」であったのであろう。孔子は弟子たちに、「君子の儒」たることを欲していたのである。

儒家がその学説の上で、他の学派と対立するときに、第一に問題となるのは、その厚葬久喪の主張である。まず墨家がその点を問題とした。『墨子』には「節葬」「節用」の篇があって、主としてそれに攻撃を加え、また「非儒」「非楽」においても、喪葬のことが重要な論点とされている。君父の死には三年の喪に服するというのが、儒家の一貫した主張であるが、この非現実的な喪制については、孔門のうちにも異論がないわけではなかった。三年の間も礼楽を棄てては、かえって儀礼の秩序が失われるのではないかとして、宰我が「期にして可ならんのみ」、すなわち一年で十分であろうという意見を述べたことがある。すると孔子は、「女(なんぢ)において安きか。女、安くば則ちこれを爲せ」と、叱りつけるような調子で答え、宰我が退出したあと、「子は三年も父母の懐(ふところ)を免れることがないのに、それを廃せよという宰我は、不仁な男だ。三年の喪は天下の通喪で、変更しうるものではない」ともらしている。これは『論語』の「陽貨篇」にみえるもので、本来の孔子の語かどうか疑わしいが、『孟子』には、滕(とう)の定公が没したとき、世子である文公に三年の喪を実行させて、天下の耳目を聳動した話〔滕文公上〕がしるされており、また先王の礼楽を必ずしも絶対とせず、現在の王権を規範とする後王主義をとった荀子さえも、その「礼論篇」では、三年の喪を固執している。三年服喪の説は、儒家にとっては根本的な主張の一つであったとみてよい。

孟子が滕の文公に三年の喪を実行させたとき、滕では上下をあげての反対があった。孟子はこれに対して、三年の喪は天子より庶人に達し、夏殷周の三代にわたって行なわれた通制であるとし、孔子の語として、「君薨ずるときは、冢宰（大臣）に聴く」という古制を引用している。それは『論語』（憲問）に、

> 子張曰く、書にいふ。高宗諒陰、三年もの言はずとは、何の謂ひぞや、と。子曰く、何ぞ必ずしも高宗のみならんや。古の人みな然り。君薨ずるときは、百官己れに總べて、以て冢宰に聴くこと三年なり。

とあるのに拠るものであることは、明らかである。高宗とは、殷の武丁である。『書』はいまの『書経』、古くはただ『書』といった。この語はいま『書』の「兌命」（上）に、「王、憂ひに亮陰に宅ること三祀（三年）、……ただ命を作すのみにしてもの言はず」とみえるが、これはのちの偽書で、古いテキストには、『論語』にみえるように「高宗諒陰、三年もの言はず」とあったらしい。儒家の三年喪服説は、こういう古い文献に依拠するものであるが、その伝承が全く本文の誤解にもとづくものであることについては、のちにふれよう。とにかく儒が喪礼の関係者から出ていること、その主張が古文献の解

釈にもとづくものであること、この二点を明らかにしておくことが、当面の課題である。それは儒の原義と関連するところがある。

儒家はみずから儒と称し、他からも儒とよばれているが、当時の文献に、儒の義にふれたものは何も残されていない。のちにその義を論ずるものは、儒には「かざる」「うるおう」、また「儒弱」などの意があるので、礼文のある温和なその学風をいう語であるとしているが、確かな根拠はない。儒学の原義は、なお明らかにされていないのである。

ときにたとえば、劉節氏のように新説を試みている人もある。劉氏はその「弁儒墨」〔古史考存所収〕において、侏儒説を述べている。その着想は甚だ奇抜であり、結論的には承服しがたいものであるが、いちおう紹介に価しよう。氏はいう。中国の古代の文化は、すべて東方より起っている。それはもと、沿海の夷系の文化に発するものであった。後漢の許慎（きょしん）が著わした文字学の書である『説文（せつもん）解字』に、夷は大と人とを組み合わせた字であるとしている。そして「夷の俗は仁なり。仁者はいのちながし。故に君子不死の國あり」という。孔子は東夷の人であるから、その学を仁と称したのである。殷の甲骨文では、夷は仁と同じ字形にかかれている。それで儒家はもと、仁と自称していたのである。

ところで仁と儒とは、また音が近い。儒とは侏儒（しゅじゅ）（小人）である。儒家の批判者として起った墨家は、かれらを仁とよぶことを避けて儒者とよんだ。それは侏儒、すなわち小人の意を含めた侮蔑的なよび方である。古代の神話伝説を多くしるしている『山海経（せんがいきょう）』の「大荒東経」に、大人国と小人国の記述がある。孔子が大人の夷の学としたものを、墨家が小人の侏儒の学とよんだのは、仁の音を儒にもじった痛烈な皮肉に外ならない。これが劉氏の新説である。

劉節氏は甲骨文・金文をはじめ、古典の研究にすぐれた業績をもつ篤実な研究者であるが、この説にはかなり難点が多い。まず夷と仁とは字形が異なり、仁という字は甲骨文にも金文にもみえないものである。次に儒家がその学を仁とよんだこともなく、仁と儒とは音も同じでない。また儒という語を使い出したのは墨子学派であろうと推論しているが、墨子の学は孔孟の間に起ったものであり、それよりさき、孔子がみずから「小人の儒」「君子の儒」という語を用いていることは、さきに『論語』〔雍也〕の文を引いたとおりである。また侏と儒とは音の近い語ではあるが、儒の原義が侏儒であると定めうる論拠はない。わが国にも、周公や孔子などの古聖人を、みな侏儒とするふしぎな学説の所有者があるが、孔子は身の長（たけ）九尺六寸、人みな長人とよんでこれをあやしんだ〔史記・世家〕と伝えられる偉丈夫であった。これらの説は、儒の形義について何らふれるところがなく、また儒家の起源やあり方に関連するところもない。儒という字の原義と、儒学の源流との関係が明確にされて、はじめて字説としての意味をもちうるのである。

　儒は需を声符としている。声符としてえらばれている字には、意味の関連をもつものが多いから、まず需とは何かということを考えてみなくてはならない。『説文』〔一一下、雨部〕に、需とは雨のあがるのを須（ま）つ意であるとしている。『説文』の代表的な研究書とされている清の段玉裁の『説文解字注』によると、需は雨と而との会意字で、而には「はばかる」「ゆるくする」の意があるのだという。しかし「雨あがりを待つ」ことを示すために、特にその字が作られたと考えることは困難である。

　而の金文の字形は、人の立つ正面の形、すなわち大あるいは天と似ている。天は人の立つ形である大に、顚（てん）すなわちまるい頭を加えた形で、人の頭頂を示す字である。而も同じ形であるが、その頭は平らかに一横線で示されており、いわゆる平頭の形に近い。『説文』〔九下、而部〕にまた耏（じ）という字があって、それは「罪、髡（こん）に至らざるなり」と説かれている。髡とは丸坊主のことであるから、耏は少しだけ頭の髪を残しておくという身体刑である。耏の彡は、頭髪を示す。したがって而は、耏の刑を受けて結髪のない人をいう。一般の人は髪を結い上げて、笄（こうがい）を加えた。その字形は夫である。

　金文に雩という字があり、無雩という地名に用いられている。あるいは舞雩（ぶう）とよばれる雨請いの儀礼と、関係があるかと思われる。その字にみえる天の形は而ときわめて近く、ほとんど平頭である。おそらく需と形義の近い字であろう。需は結髪のない男が、雨請いをする意味であろう。それは靈が、雨請いをする巫女であるのと同じ意象である。需は雨上がりを待つ字ではなく、雨請いをする男巫の形である。

雨請いは、氏族の生活を左右する重要な農耕儀礼として、古くはさかんに行なわれた。フレーザーの『金枝篇』には、未開社会における請雨儀礼が多くしるされているが、特に王がその犠牲としてささげられる「殺される王」の例が、数多く集められている。王は古く呪師であり、呪師王であった。中国にも殷王朝の始祖とされる湯王にその説話があり、九年もうちつづいた大旱のとき、湯はみずから犠牲となって雨を祈った。犠牲者は髪を切り、爪を断ち、積薪の上に坐して、焚殺されるのである。湯はその聖処である桑林の社に祈って、その儀礼を実行したが、さすがに聖王の祈りには感応があって、そのとき沛然たる雨が降ったという〔呂氏春秋・順民篇〕。しかし、普通の巫女のばあいには、大てい焚き殺されてしまう。それは焚巫といわれる俗である。古くひでりを示す菫という字は、頭上に祝詞の器である𠙵を載せ、からだをくくられた巫女の下から火を加えて、焚殺することを示す字である。殷の子孫である宋の国では、孔子と同じ時代になっても、王が巫祝王としてそのことに当った。宋の景公（～前四五三）は、連年のひでりに苦しむ民のために、湯王と同じく髪を切り爪を断ち、積薪に坐して雨を祈り、その感応をえたという〔荘子・佚文〕。この場合も髪を切って、巫祝の形をしていることが注意される。春秋期にも、焚巫の風はさかんであったが、当時の賢者といわれる人々は、大ていこの惨ましい方法に反対した。魯では僖公二十一年（前六三九）の旱害のとき、焚巫が行なわれようとしたが、臧文仲がこれを人道の上から反対し、その俗を廃した。孔子より約百五十年ほど前の人である。

焚かれたのは巫祝であった。祝は巫に対して男巫をいい、髪を断つことをもいう語である。焚巫に用いるものは、大てい巫祝の中の異常者であった。わが国の一つ目や一本足の妖怪が、そういう古代の人身御供から生まれた話であるように、中国では侏儒などがそれに使われたのである。儒はおそらく、もと雨請いに犠牲とされる巫祝をいう語であったと思われる。その語がのちには一般化されて、巫祝中の特定者を儒とよんだのであろう。それはもと、巫祝のうちでも下層者であったはずである。かれらはおそらく、儒家の成立する以前から儒とよばれ、儒家が成立してからもなお儒とよばれていたのであろう。詩礼をもって墓荒しをする大儒・小儒は、たぶんこの手合いであろうと思われる。正統の儒家ならば、ここまで落ちぶれることも考えられない。しかし儒は、この階層のものを底辺として成立したのである。儒の起源は、遠く焚巫の行なわれた古代にまで溯るものであろう。

巫史の学

巫とともに、神事に従うものに史があった。巫史・祝史のようによばれていることが多い。巫史の起源は、遠い原始の時代に発している。それは人類が、何らかの意味で霊的なものの存在を意識し、それとの交渉を試みようとしたとき、すなわち人々が原始的な宗教感情をいだきはじめたときから起っている。霊的なものには、霊的な方法で対処しなければならない。そういう呪的な行為をするものが、巫史であった。

中国には古く、十日説話があった。太陽には、甲乙から壬癸までの名をもつ十個の太陽があって、それぞれの日を司る神巫がいる。その名は『山海経』〔大荒西経〕にしるされており、十巫のうちには巫咸・巫彭などの名がみえる。巫咸はのち巫の祖神として祀られ、また最高の聖職者として、王を補佐する神巫であったとも伝えられている。周初の成立とみられる『書』の「君奭（くんせき）篇」に、伊陟（いちょく）・臣扈（しんこ）・巫咸・巫賢らの名があげられているが、これらの人々も古い聖職者であろう。巫史の伝統は、これらの聖職者に発している。

巫は『説文』〔五上、巫部〕によると、舞をもって神をよび降すものであるという。巫の字形は、両袖をもって舞う形であるとされているが、甲骨文・金文などの古い資料によると、巫は㠪、すなわち工を縦横に組み合わせた形にかかれている。その工が、神をよび降す呪具であった。左という字はその呪具をもつ形、右は祝詞の器を示す𠙵をもつ形である。祈りながら、呪具を用いて神のあるところを尋ねるのであるが、尋という字は、右と左とを上下に組み合わせた形である。神は姿もなく、隠れてみえぬものである。隠の正しい形は隱、呪具の工がなくては、その隠れ所を尋ねることもできない。その工をもつものが巫であり、𠙵をいただくものが祝であった。それで『詩』には、神をよぶものを工祝とよんでいる。そしてその下層のものは、しばしば神への犠牲とされたのである。

犠牲としては、多く廃疾のものがえらばれた。神のけがれを負うものと考えられたのであろう。『荀子』の「王制篇」に「傴巫跛撃」という語があり、撃とは男巫をいう語である。侏儒もその仲間であった。儒は需、すなわち雨請いに用いられる巫祝の徒で、髪は切られている。それで侏儒という語も生まれてくるのである。巫にも神巫から傴巫に至るまでの、多くの階層があった。

『呂氏春秋』の「勿躬篇」に、巫彭が医を作り、巫咸が筮を作ったという事物起源説話が述べられている。巫彭や巫咸は、そういう呪医や卜筮者たちの祀る祖神とされていたのであろう。巫咸はさきにあげた太陽を司る神巫の一人であるが、のちにもその神巫の名を用いるものが多く、『書』の「君奭篇」にみえる殷の聖職者巫咸をはじめ、『楚辞』

の「離騒」にも上帝につかえる卜者としてその名がみえる。咸氏の巫と称するその系譜のものがあったのであろう。『荘子』「応帝王篇」に、鄭の神巫季咸というものが、よく人の死生寿夭のことを知り、神のごとしといわれたという。巫彭などにも、彭氏と称するその継承者があったのではないかと思われる。殷の賢人に彭咸というものがあって、王を諫めて聴かれず、入水して自殺したと伝えられる。こういう神巫の系譜のことを問題としているのは、実は『論語』の、次の文章の意味を、儒の源流という視点から考えてみようと思うからである。「述而篇」の冒頭に

述べて作らず。信じて古を好む。ひそかに我が老彭に比す。

という孔子の語があるが、その文意がよく知られない。しかし孔子がみずから、自己の一生の生きかたについて述べたとみられるこの語の意味を、追求しないわけにはゆかない。「述べて作らず」とは、祖述者であって創作者ではないという意味である。次の句はその理由の説明とみられる。そして末句は、その一生の典型を老彭に求めるという。「わが」というのは、親愛の意を示す用法である。しかしこの老彭が何びとであるのか、従来定説がない。七百年の長寿を保った彭祖だという人もあり、孔子が師事した老子のことだという人もある。孔子が七百年の長寿を希ったとも思えないし、五千言の著者である老子ならば、「述べて作らず」とはいえない。その上、老子が孔子よりはるか後輩であることについては、後章にふれよう。

老彭は、おそらく彭氏の巫のことではないかと思う。「述べて作らず」とは巫の伝統である。孔子はここに、みずからを巫祝者の伝統の中においているのである。「南人言へることありて曰く、人にして恆(つね)なくんば、以て巫醫(ふい)となるべからずと。よいかな」〔子路〕ともいう。巫祝者のもつ清明の心と敬虔さとを、孔子は重んじたのであろう。

孔子を合理主義者であるという人が多い。たしかに孔子は、「怪力亂神」〔述而〕を語らなかった。また「性と天道」〔公冶長〕については、多くふれなかった。病の重いときに、子路が祈禱することをしきりにすすめたが、孔子は「丘の禱ること久し」〔述而〕といって、これを許さなかった。しかしそのような合理主義は、焚巫に反対した臧文仲をはじめ、病を人に移す祈禱を拒否したり、邪神の祭祀をしりぞけた人の話など、『左伝』にはいくらもみえていることである。孔子は巫祝の伝統を受けたが、その虚妄をきびしく捨てようとした。「丘の禱ること久し」というとき、おそらく孔子は、その内なるものへの凝視をつづけていたのであろう。そしてその伝統を、純粋に精神的なものに高めたいと考えたのであろう。古代の神巫の生きかたを典型とし、思想と文化のよるべきところを求めて、遠く周の礼教的文化の創始者である周公を理想とした。周公は、古代の神巫にかわる聖職者であった。

孔子が、古い神巫の世界、老彭への回帰を示したのは、おそらくその最晩年のことであろうと思われる。陽虎へのいまわしい怖れも消え、周公を夢にみることも絶えたのちに、孔子は自己の出発点であった巫祝の世界、すべての存在の根源として、あらゆる生にかかわる神秘のすがたを直観したいと思ったのであろう。おそらく何かそういう深い霊感が孔子を包んだときのことであろうが、孔子は突然つぶやくように、「われ言ふことなからんと欲す」といった。子貢が驚いて、「子もし言はざれば、小子何をか述べん」といぶかしげにいう。しかし孔子にとって、「述べる」ことも今は超えるべきものであった。孔子はしずかに、「天、何をか言はんや。四時行なはれ、百物生ず。天、何をか言はんや」〔陽貨〕と答えている。天道の流行してやまざる世界、万法が流転のうちにその実相を具現する世界、それは今まで、孔子がほとんど口にすることのなかった、形而上の世界である。巫の伝統は、孔子において、その極限のところまで高められていった、ということができよう。

それにしても、孔子がかつてその現実の行動のうちに示した、あのはげしい求道者的な精神、また道への献身は、どこから生まれてきたものであろう。それは巫祝者の示すエクスタシーのような狂熱ではなく、あくまでも理性的であり、理想を追うもののみが示しうる情熱である。そこには理想に生きるものの、かがやくような美しさがある。私はそれを、史の伝統の中に求めうるのではないかと思う。

史もまた、古くは巫祝の徒であった。史は祭祀者であった。史の字形は、祝詞の器を示す口を榊につけて、これを手にもつ形である。かれらはその祭儀の儀礼執行者であるとともに、またその祭儀の由来する神々の物語の伝承者でもあった。それは祭儀が、すべて神話の実修的な形態であることからみて、当然のことである。それで史は、古事の伝承者として、語部としての一面をもっている。祭祀儀礼は、古代社会における儀礼の重要な部分を占めており、その職掌は広汎な範囲に及ぶものであるから、祝史の職はのち種々に分化して、その語部的な職掌は、のち瞽史にまかされた。春秋期の列国の物語をしるす『国語』は、そういう瞽史たちの伝承によるものである。その書にはそれで、瞽史〔周語下〕・神瞽〔同〕・瞽史の記〔晋語四〕・瞽史記〔同〕などの名がみえている。『左伝』は、それらの資料と文献資料とを、魯の年代記である『春秋』の記事に合わせて、編年体の歴史物語としたものである。

『史記』の「太史公自序」に、すべて書の編述のしごとには、異常な体験による、強い心の衝迫がはたらくものであることを述べ、『国語』の成立についても、「左邱、明を失ひて、それ國語あり」という。『国語』は、左氏とよばれる瞽史の伝承であるとするのである。左氏は、古く左史とよばれていたものであろう。『左伝』〔昭十二年〕に、楚の霊王が臣下たちと楚の先王について物語をしているところへ、たまたま通りかかった左史倚相をみつけて、王は諸臣に「これ良史なり。子よくこれを見よ。これよく三墳五典八索九丘をよむ」と告げている。三墳五典以下は、古い伝承をしるした記録なのであろう。それは一般の人にはよみえないものであった。この左史倚相はまた『国語』〔楚語〕にもみえており、楚の長老としてきこえた申公という人物に、その安佚を戒め、『詩』や『書』などの故事を引いて、あたかも師儒のような訓言を与えている。史は当時、最高の知識人であった。古典に通ずるのみならず、言行にもすぐれていたようである。『論語』にも、左丘明のことがみえる。「左邸、明を失ひて、それ國語あり」といわれる左邸とは別人であろうが、同じく左史に属する人であろう。孔子はその人を称していう。

巧言令色、足恭（馬鹿丁寧さ）は左丘明これを恥づ。丘もまたこれを恥づ。怨みをかくしてその人を友とするは、左丘明これを恥づ。丘もまたこれを恥づ。〔公冶長〕

史は単なる故事の伝承者ではない。『左伝』の説話にみえる史は、すでに師儒としての高い地位を占めており、「史佚」の言は、五たびも引用されている。その名はまた『国語』にもみえる。左丘明は、おそらく孔子の先輩に当る人であろう。したがって、戦国中期以後に成立したと考えられる『左伝』の作者ではないが、その学が『左伝』や『国語』の成立を促したことは確かであろう。周の東遷ののち、史角が魯に赴き、その学統から墨子が出ている。墨子が儒家と同じく『詩』『書』を古典としていることから考えると、儒家の古典学も、史の学から出たものといえよう。孔子の学は、古い史職の伝統と無関係ではありえないし、左丘明へのこのような言及も、そういう事実を背景にするものと思われる。

　古代の聖職者であった巫・祝・史の歴史は、そのまま古代の精神史を物語る事実である。巫は神話の時代を支配した。太陽を司る神巫としての巫咸・巫彭の伝承は、巫祝者の間にながく伝えられている。巫は呪儀を主とするものであった。殷周の際には祝・史がこれに代る。祝・史は祝詞による祈りを主とするものであった。周王朝創業の当時、最高の聖職者の地位にあったものは、周公と召公とである。周初の金文によると、周公の家は明公・明保とよばれ、周公の子伯禽はのち魯に封ぜられた人であるが、金文に大祝禽鼎とよばれるものがあって、祝の長官であった。召公の家は、殷の時代から「西史召」と称し、西方の祭司長であったが、その子に大史友というものがあり、金文にみえる。こうして大祝・大史の時代が訪れる。のち祝系の伝統が衰えて、巫祝は祈禱や喪葬などの賤職に従うものとなった。

　史はもと、王室内部の祖祭を行なうものであったが、山川の聖地を祀るための使者は事とよばれた。事は大きな神桿に祝詞の𠙵をつけ、ときには吹き流しを飾った字形で、これを捧げてゆく祭の使者を示す字である。それで事は、古く「まつり」とよむ字であった。この外祭の執行は、同時に政治的な意味をもち、そのような祭祀権の行使が、政治的支配を意味した。それが祭政一致とよばれる形態である。この内祭を司る史と、外祭を司る事との二系列が、やがて官制の体系をなす。周初の金文である令彝（れいい）に、大史寮・卿事（けいじ）寮としてみえるものがそれである。寮は官僚、大史は宗教儀礼、卿事は政治的儀礼を司るものであった。やがて政治と宗教との分離が起って、史は祭祀儀礼や古伝承を担当し、伝承のための記録を掌るものとなる。すなわち、古代的な伝承の最後の担持者が史である。史は春秋の時代に、最高の知識階層であった。

春秋期の史については、語るべきことが多いが、その特質として、かれらの異常な博学ぶりと、またかれらが現実の権威を超えて、伝統の熱烈な擁護者であり、古道に対する殉教者的な献身の信念に生き抜こうとしたこと、この二点をあげることができよう。

一つの例をあげよう。『春秋』の経、襄公二十五年の条に、「齊の崔杼、その君、光を弑す」という文がある。これは斉からの公式の通報によって、魯国の正史である『春秋』にそのことが記録されたものである。この弑逆事件について、『左伝』には次のようにその事情を伝えている。斉の荘公は、かねてその臣下である崔杼の妻に通じていたが、あるとき荘公がその家に忍んできたところを、崔氏の臣下たちが弑殺した。崔氏が直接に手を下したわけではないが、ことは崔氏の邸内で行なわれたのである。そこで斉の大史は、「崔杼、その君を弑す」と公的な記録にしるした。下手人とされた崔氏は、怒って史官を殺してしまった。しかし崔氏が弑殺者に対する責任を明らかにしない以上、この記録のしかたは絶対に正当である。史官としては、このプリンシプルをまげることはできない。それで殺された大史の弟が、また筆をとって直ちに記録をつづけた。崔杼はまたこれを殺し、なおも記録に加えようとするその弟をも殺した。さらに第四の弟もつづいてそのことを記録したので、さすがに崔杼もこれを承認せざるをえなかった。斉の大史氏危しと聞いて、南史氏はいそいで筆簡を執って都にはせつけたが、史官がその記録に成功したと聞いて、帰っていった。まことに驚くべき献身という外ない。

一方、荘公が崔氏の難にあうと聞くや、公の命で高唐の別廟に祭祀を執行中であった祝佗父は、直ちにはせ帰り、荘公に祭祀の報告をすませると、祭服をぬがずしてその場で難に殉じた。祝史の間には、このような職事に対する献身、自己投棄の伝統がある。それはかれらがかつて、神への献身者であったからである。

孔子も、死をおそれることがなかった。「朝に道を聞かば、夕に死すとも可なり」〔里仁〕、「志士仁人は、生を求めて以て仁を害することなく、身を殺して以て仁を成すことあり」〔衛霊公〕というそのことばの中に、祝史の伝統は新しい形態で生きているのである。亡命中に匡で包囲されて、すでに危くみえたときにも、「文王すでに没したれども、文ここに在らずや」「天のいまだ斯文を喪ぼさざるや、匡人それ予をいかんせん」〔子罕〕と毅然たる態度を持している。孔子のばあい、それは道への献身であった。

天の思想

むかし、天と地とは一つであり、神と人とは同じ世界に住んだ。それで、心の精爽なものは、自由に神と交通することができた。神の声を聞きうるものは、聖者であった。『書』の「呂刑篇」は、河南西南部の古族である姜姓の呂国に伝わる神話を、経典化したものである。隣人の苗族に神をけがす行為が多く、帝は怒って重黎に命じて天地を隔てさせ、姜族の始祖伯夷に典刑（刑法）を作らせた。こうして神人の交わりは絶えたという。『国語』の「楚語」〔下〕にもその話がみえ、おそらく楚巫の伝えたものであろう。神と人との分離は、帝から天への観念の推移を示す物語である。

殷王朝においては、すべての主宰者は帝であった。甲骨文には、風雨や年穀、戦争や都邑の安否について、帝に卜し、帝の佑助を求めるものが多い。帝は人格神であり、殷王はその直系者、すなわち嫡子であった。嫡とは啻、嫡の旁の部分がその字であり、すなわち帝を祀るものをいう。帝を祀るものがその嫡子であり、地上の王であった。かれらは帝を至上神とする神話の体系をもち、その祭祀権の上に王権が成立していた。

殷周革命が行なわれたのは、おそらく紀元前千百年前後のことであろうと思われる。それは内からの革命でなく、外からの革命であった。異質の文化をもつ東西の勢力の交替であった。しかし殷に代った周には、殷王朝のような神話の体系がなく、また神話継承の条件もなかった。人格神としての帝の観念はすてられて、非人格的な、いわば理性的な天の観念がこれに代った。中国における合理主義的な精神の萌芽は、この天の観念に発している。

しかしこの非人格的とされる天も、また意志をもつ。天意の奉承者は天尹とよばれた。周初の聖職者である召公奭は、金文によると皇天尹大保の称をえている。天はみずからその意志を示すことはないが、天意は民意を媒介として表現される。為政者が天の徳を身に修めていれば、民意の支持を受けることができる。天意はそれによって動く。ここには人民が、天意の媒介者として意識されている。政治の対象として、民衆の存在が自覚されてきたのである。このような政治思想は、天の思想とよばれる。殷周革命を契機として、天の思想が成立した。『書』の「周書」とよばれる部分には、周初に成立した文献を多く含んでいるが、そこにはこの天の思想について述べるものが多い。周初の金文である大盂鼎にも、周の受命について、

王、かくのごとく曰く、盂よ。丕いに顯かなる文王、天の有する大命を授けられたまひ、武王に在りて、文に嗣ぎて邦を作したまへり。その匿（悪）をひらき、四方を敷有し、その民を畯正したまへり。

という。そして殷の滅亡は、殷が上下をあげて酒乱に耽っていたからだとしている。「周書」の「酒誥篇」にも同じような記述があり、近い時期の成立と思われる。大盂鼎は、周初の康王二十三年（前十一世紀中ごろ）の器である。

酒で国が滅びたというのは、この神政国家では祭祀を政治の形態としていたからである。神人ともに酒を用いて交歓するという殷王朝のありかたは、西北の遊牧族から興っ

た朴質な周族からみると、酒乱の国としかみえなかったであろう。その国の滅亡によって、神人の交わりは絶える。代って天と人とが相対する国が生まれた。天意が民意によって媒介されるとすれば、それは絶対にして神聖なる王権ではない。受命によって生まれた王権は、また革命によって失われる危険をつねに包蔵する。天の思想はまた革命の思想である。文王の創業を歌う『詩』の大雅「文王篇」には、「天命常なし」といい、「永くここに命に配し　みづから多福を求む」と歌っている。

西周の後期には、王室をめぐる諸豪族が擡頭し、王権は実質を失った。夷王は擁立されて、即位のとき堂下の礼を執ったといわれ、厲王はクーデターを受けて亡命している。その後十四年の間、王位は曠欠のままであった。いわゆる共和の時代（前八四一～八二八）である。のち宣・幽の二代を経て西周はついに滅亡するが、そのような危機のなかで、有識者の間には、強く創業の精神に復帰することが唱えられた。それはときには、文王が殷民に革命を告げる形式で、それへの回帰が歌われる。

文王曰く咨(ああ)　咨なんぢ殷商　天おほいになんぢをみだすに酒を以てし　不義に従ひ
式(のっと)らしむ　すでになんぢのおこなひを愆(あやま)たしめ　明となく晦となく　ここに號(さけ)びこ
こに呼び　晝をして夜と作(な)さしむ〔大雅・蕩、五章〕
文王曰く咨　咨なんぢ殷商　上帝の時(よ)からざるに非ず　殷の舊(ふる)（き人）を用ひざれ

ばなり　老成の人なしと雖も　なほ典刑あるに　すなはちこれ聴くことなくして
大命以て傾けり〔同、七章〕

「大命以て傾く」というのは、また当時の周の状態であった。それで危機が切迫すると、詩篇はより直接的な表現をとる。「それ今に在りて　なほ政に迷亂す　その德を顚覆して　酒に荒湛す　女ここに湛樂し　その紹ぐところを念はず　あまねく先王に求めてよく明刑をつつしむことなし」〔大雅・抑、三章〕、あるいは「ああ小子　爾に舊き止ひを告ぐ　聴きてわが謀を用ひよ　庶くは大悔なからん　天まさに艱難なり　ここにその國を喪はんとす　譬をとること遠からず　昊天はたがはず　その德を回遹ならしめば民をして大いに棘（危急）ならしめん」〔同、十三章〕など、亡国の危機をいましめるが、すでに天運を支えるすべもなくて、周は滅亡する。しかしこの滅亡までの百余年の間に作られた詩篇には、社会の混乱、政治の腐敗をはげしく攻撃し、狂瀾をもとにめぐらそうと苦悩する当時の知識人たちの思想が、具体的な明確さをもって歌われている。これらの詩篇は、春秋期には楽師たちによって伝えられ、演奏もされていたものであるから、孔子ももちろん古典として学んでいたはずである。

　このような西周後期の政情は、金文にも反映している。共和期の執政の一人であったと考えられる毛公の作った毛公鼎には、四百字に近い長文の銘があり、王の語として、「ああ、おそるる余小子、家、艱にしづみ、永く先王に恐れあらしめんとす」という危急の事態を救うことを依嘱する。

余これ先王の命をつぐ。女に命じて、わが邦わが家ををさめしむ。小大の政をつつしみ、朕が位をたすけよ。上下（諸神）の諾否（善悪）を四方にあきらかにし、をさめて動（揺）せしむることなかれ。余一人位に在り、その智あるをおほいにせよ。余、有聞（物知りぶる）をもちふるに非ず。女、敢て妄寧なる（勝手に気楽をする）ことなかれ。夙夜（朝夕の政治）を虔しみ、我一人を恵し、わが邦の小大の猷をやはらげ、折緘（とざす）することなかれ。余に先王の若き徳を告げ、用て皇天に印昭し、大命（天命）をつぎつつしみ、四方をやすんじをさめ、わが、先王の憂をなさざらんことを欲す。

以下に施政の実際に及び、徴税には生活力のないもののことを顧慮し、官紀を正して飲酒をつつしませ、すべて先王の規範に従うべきことなどを訓告している。その文には、同期の詩篇と表現の近いところが多く、また『書』の「文侯之命」とその構成が似ている。「文侯之命」は毛公鼎より七、八十年後の文章である。

天の思想は、古代的な宗教と政治とを切りはなした。そしてそこに合理的な精神を導入したが、天意が民意を媒介として表現されるのは、人間の存在の根拠が、その徳性のうちにあるとする自覚にもとづいている。「民の彝を秉る　この懿き徳を好む」〔大雅・

烝民〕というように、徳性は本来すべての人に内在するものである。さらにいえば、それはすべてのものの根源にあって、普遍であり、しかも知覚を超えたものである。「上天のことは　臭もなく聲もなし」〔大雅・文王〕と歌われているように、それは形而上的な実在である。

天の思想とその展開とをたどってゆくと、初期の儒家の政治思想や道徳思想が、ほとんどすでに西周の後期において、ほぼ体系づけられていることが知られよう。そのうち詩篇は、楽師たちによって、王廷や貴族の儀礼や饗宴の際に演奏され、詩篇のもつ道徳的な意味が、故事や例話などによって語られた。楽師もまた師儒の風をもつ知識層であった。西周の滅亡とともに、楽師たちはそれぞれ諸国に分散していったが、『詩』『書』の学が、かれらによって諸国に伝えられたことは確かである。『左伝』には、晋の楽師であった師曠の話がしばしばみえる。この瞽師は、深く楽音を解するだけではなく、『詩』『書』に精通し、神人の際を明らかにし、道徳の説に詳しく、その言説はほとんど儒家と異なるところがないほどである。

周初に起った天の思想は、西周後期の危機意識の中で深められていった。しかしその思想をしるした『書』や『詩』が、故事の伝承者である史や楽師によって伝えられたために、思想として発展する機会をもちえなかったことはやむをえない。かれらは本来、神秘主義者であるからである。史・師ばかりでなく、その学を承けた孔子においても、天の思想は十分な展開をみせなかった。民人を媒介として天意が示されるという、政治思想としての天の理解は、孟子によって回復され、その民本思想の根拠となった。

孔子も、しばしば天を称している。「天を怨まず。人を尤めず。下學して上達す。我を知るものは、それ天なるか」〔憲問〕、「罪を天に獲ば、禱るところなきなり」〔八佾〕、ときには、「天、徳を予に生ず」〔述而〕のように、徳の根源を天にもとづけていうこともあるが、これを政治思想として組織することはなかった。そこに巫史の学から出た孔子の思想家としての限界があった。『詩』『書』などの古典学は、このときなお甚だ未成熟であったのである。

古典について

孔子が周公を理想としたのは、もとより周公が西周の礼教的文化の創始者であるとされたからである。「周は二代に監みて、郁郁乎として文なるかな。われは周に従はん」〔八佾〕というように、周の礼楽文化は、中国において真にアルカイックな意味をもつ。しかしそれを、周公の創始するところというのは必ずしも歴史的事実でなく、近代に至っても、王国維のように熱烈な周公信奉者もあるけれども、古典にみえる周公は、かなり限られた面のみにあらわれる。

『論語』に、周公に関する記述が四条みえている。そのうち周公の語を録したものは、「微子篇」の次の一章のみである。

　周公、魯公に謂ひて曰く、君子はその親（しん）をすてず。大臣をして以（もち）ひざるを怨ましめず。故舊は大故〔よほどの理由〕なくんば則ち棄てざるなり。備はることを一人に求むることなかれ。

周初の文章とも思われぬもので、かりに周公が、子の伯禽を魯に封じたときの任命書と伝えられる、逸書「伯禽」の遺文であるとしても、おそらくその原文とは遠いものであろう。『論語』にみえる『書』の知識はあまりゆたかでなく、『書』を引くものは二条〔為政・憲問〕にすぎず、他に堯・舜・禹・湯の説話に及ぶものが数条ある。何れも「泰伯」「堯曰」など『論語』のうちでも新しい部分にあり、この「微子篇」の周公の語なども、おそらく古い『書』の文ではあるまい。「子の雅言するところは詩・書」〔述而〕とあって、孔子はそれらの古典を標準音でよんだという。孔子はどんな『書』をよんでいたのであろうか。「為政篇」にみえる「孝なるかなこれ孝」は『書』の「君陳（くんちん）」の文であるが、「君陳」は『礼記』にはじめて引かれているもので、後世の偽書である。さきにあげた「憲問篇」の「高宗諒闇」も、後の偽書である「兌命（えつめい）」にみえる語である。しかもその文が、儒家の最も強く主張する三年喪服の説の根拠であるということになると、『論語』にみえる古典学について、改めて検討を加えなくてはならぬことになる。

高宗というのは、殷の武丁のことである。その伯父にあたる般庚という王が、いまの河南省の安陽に都した。その地は古くから殷墟とよばれ、その名は『左伝』や『史記』にもみえている。その遺跡が発見されたのは今世紀に入ってからであるが、調査の結果、十数基の地下陵墓と、おびただしい甲骨文が出土した。甲骨文は武丁期のものが分量も多く、内容も多面的で豊富である。そのうちに、武丁の言疾をトするものや、舌や耳の疾のことをトしているものがあって、武丁には実際に言語障害のあったことが知られる。その失語現象は、武丁に多発性脳脊髄硬化症のような病気があったのではないかという人もある。この言語障害は、周初のときには知られていたらしく、周公が政治上の訓戒を述べた『書』の「無逸篇」には、殷の歴代哲王の事迹に及び、「その高宗にありしとき、舊しく外に勞し、たちてその位に卽くや、すなはち亮陰ありて三年もの言はざりき。それただもの言はざりしも、言へば乃ち雍らげり」としるされている。亮陰は諒闇その他いろいろにかかれるが、古くから父の喪に服する意とされている。しかしそれならば、各王すべて諒闇に服するわけであるから、高宗にだけそのことをいうのは不審とすべきであろう。それで朱子は『論語』の注には「未詳」とし、その解を保留している。『論語』の「諒闇三年」の条は、いま「高宗之訓」とよばれる『書』の一篇にみえるが、これは『論語』の文などを資料としてのちに偽作されたものである。もし孔子が、その三年の喪の根拠を『書』に求めたとすれば、おそらく「無逸篇」の文によるものであろう。しかしその文は服喪のことをいうのではなく、甲骨文を資料として考えると、ただその言語障害のことをいうにすぎない。孔子がこれに対して、君が薨じたときは、三年のあいだ冢宰に政治をまかせるという解釈を加えたのは、孔子の誤解ということになる。そしてその誤解にもとづいて重大な服喪の規定が作られ、主張されたわけであるが、儒家の説く礼楽説には、この種の誤解にもとづいて作られたものが多いのではないかと思う。天子は七廟、諸侯は五廟、太廟を中心として、その前に昭穆の各廟を左右に相排次するというのも、儒家の重要な提説であるが、金文資料によって考えると、そういう事実はない。嗣王が三年の喪に服するということも同様である。西周期金文の紀年銘をもつものには、殊に元年銘のものが多く、臣下に対する親任式が行なわれている。たとえば師酉𣪘には、「王の元年正月」、王が師酉に将軍職を命ずる親任の策命をしている。いわゆる諒闇三年ということは、西周期にはなかったことである。

古典に対して恣意的な解釈が加えられたのみでなく、その礼説のために古典を偽作することが行なわれた。たとえば天子は七廟、諸侯は五廟、大夫は三廟、士は一廟とするような廟制説も、『書』の「咸有一徳」に「ああ、七世の廟、以て徳を観るべし」とみえているが、「咸有一徳」は殷の伊尹に仮託したもので、その文章は『書』のうちでも最も新しく、その原篇とみられる『礼記』「緇衣」に引く「尹誥」の文をさえ全部含んでいない。『論語』には、「季氏、八佾を庭に舞はす。これをも忍ぶべくんば、いづれをか忍ぶべからざらん」という、季氏の非礼に対するはげしい論難のことばがある。八佾は八列の舞楽で、もと天子の廟に用いるべきものであった。魯侯は周公の後であるから特に八佾を許されているが、卿の身分である季氏にその礼は許さるべきでないとするのである。

以上に三年の喪と七廟説とをあげて、古典としての『書』にもとづくとされるそれらの説が、何ら根拠のないものであることを明らかにした。儒家の説く礼説は、多くはこのようにかれらの創作になるものである。もし季氏の八佾を孔子が論難したのが事実であるとすれば、孔子のときその礼説はすでに成立していたとしなければならない。天子八佾・諸侯六佾というような層序的な礼制は、三年の喪を頂点とする服喪の制や天子七廟説などと、相関連して礼楽の体系をなすものだからである。

古典の偽作は、この後もなおつづいている。たとえば『書』の第一篇である「堯典」は堯舜の古聖王説話に、神話などを変改して加えたもので、その擬古体の文章も新しいものとみられるが、『孟子』〔万章上〕に同様の擬古体で舜の説話をしるしている例があり、堯舜の物語は、孟子のころにその文献化が試みられたものであろう。すでに知られているように、洪水説話にみえる禹を古代の聖王として、その学説のよるところとしたのは墨家であった。そこで儒家はまた、それより以前の古代の聖王物語を作って、これを凌駕しようとした。孔子が周公を称し、墨家が禹を奉じ、その後、儒家がまた堯舜を作った。道家はさらにその上に黄帝を立てる。いわゆる加上説とよばれるものであるが、それはまた古代思想の展開のすがたを解く一つの鍵ともなるのである。西周期のたしかな文献には堯舜も禹もみえない。禹は春秋中期の金文と詩篇にみえるが、なお完全に洪水神としての神話の形をとっている。

三年の喪や七廟説・八佾説など、真正の古典の上ではありもせぬ礼楽説を、儒家はなぜやかましく論ずるのであろう。それはかれらが、かくある世界よりも、あるべき世界としての秩序を考えていたからではないかと思う。かくある世界を墨守するのは、巫史の学である。しかしあるべき世界は、理想をもつ世界でなければならない。現実の混乱は、秩序の崩壊に由来する。秩序は回復されねばならぬ。秩序の創始者である周公の時代を、また周公の創始した礼楽を、再現しなければならぬ。こうして周公は、孔子にとって至上の命令者となる。孔子に斯文の実現者たることを命ずるのである。孔子はつねに、周公を夢にみていた人である。

周公関係の確かな文献としては、『書』のうち「周書」の数篇があるにすぎない。『詩』は周初にはまだ作られていないのである。それで孔子が周公を理想としたとすれば、それは「周の書」の研究から出発したものと思われるが、文献的にどのような研究が行なわれたのかは明らかでない。「周書」には、「顧命（こめい）」のように古代における即位継体の儀礼をしるすもの、当時の政治理念を施政式に訓告として述べる「大誥（たいこう）」「召誥（しょうこう）」などの五誥、その他がある。しかし『論語』には、それらの諸篇が研究されたらしい形迹はみえない。これらの文献は、同時資料である金文の研究がかなり進んでいる今日においても、まだ十分に解読されないところのある難解なものである。おそらく左史倚相のように、特定の伝承をもつ史官の伝えたものであろう。

儒家の主張が周公の名に託されているのは、周公の名によってそれを権威づけようとするものであり、周公の当時、服喪や廟制などの礼説はまだ生まれていなかった。そういう礼制が生まれるとすれば、それはおそらく春秋期のことであろう。周王朝は滅びたが、周王はなお名目的な宗主権を維持している。列国は周の宗主権のもとに、その政治秩序、国際儀礼を整えなくてはならない。いわゆる五等の爵制によって、列国の宮中席次を定めたり、使節の往来にも、卿・大夫などの身分規定がなくては、種々の儀礼にも支障を生ずる。このような階層的秩序は、内部的な問題よりも、外的な必要から生まれる。今日の外交儀礼のあり方から、およその類推ができよう。西周期の金文には、卿・大夫・士というような身分的階層を考えうる資料はない。

このことからいえば、儒家の主張は、当時に実際に存在した慣行的秩序を、古代の聖王が定めた秩序として固定化することに、その目的があったとしなければならない。しかもその慣行的秩序は、春秋の末期には著しく乱れてきている。その礼楽は崩壊しつつある。これをその本来のあるべき姿に回復しなければならない。それは周公の定めた礼楽に復帰することにほかならない。これが儒家の考えであった。古典は、その目的に利用された。これを託古改制という。孔子の立場は、まさにこの託古改制にある。託古とは規範を過去におくことであり、改制とは改革であり、革新であり、ときには変革でもある。孔子は一方においては熱烈な周公の賛美者であり、復古主義者であるとともに、また一方では、各地の叛乱者の招きに、進んで応じようとした謀叛人でもあった。ただ孔子が一般の謀叛人と異なるところは、孔子がつねに高くその理想主義の旗幟を掲げていたこと、周公への回帰を標榜していたことである。理想と現実との距離がどれだけあるかということは、あまり問題でなかった。「もし我を用ふる者あらば、期月のみにして可なり」〔子路〕とか、「もし我を用ふる者あらば、われはそれ東周を爲さんか」〔陽貨〕などと孔子は揚言したが、生涯を通じて、そのことばが果たされることはなかった。弟子の子游が宰をしている武城へ行ったとき、町に流れる絃歌の声を聞いて、孔子は立ち止まって楽しそうに笑ったことがある〔陽貨〕。孔子には、それが周公の礼楽の遺音とも聞こえたのであろう。孔子が夢の中で聞きつづけたものが現実の声となったのは、ただこのときだけであったかも知れない。

孔子が武城の町で聞いたという絃歌は、おそらく古い詩篇でも奏している雅歌であったのであろう。もし俗曲の類ならば、「鄭聲の雅樂を亂ることを惡(にく)」〔陽貨〕んだ孔子が、莞爾(かんじ)として笑うことはありえないからである。「詩書と執禮」〔述而〕とは、孔門における古典としての教科であった。

『詩』は孔子の時代に、いまの三百五篇がそのまま伝承されていたと考えてよい。伝承者は楽師であった。孔子は周公を礼楽の創始者とし、規範としたが、礼楽の実際は多く『詩』の学からとり入れていたようである。楽師に対する孔子の尊敬は、異常なほどであった。楽師はみな瞽者であった。「衛霊公」の篇末に、次の一章がある。

> 師冕(しべん)まみゆ。階に及ぶ。子曰く、階なり。席に及ぶ。子曰く、席なり。皆坐す。子これに告げて曰く、某はここに在り、某はここに在りと。師冕出づ。
> 子張問うて曰く、師と言ふの道なるかと。子曰く、然り。もとより師を相(たす)くるの道なり。

孔子は瞽者をみると、相手が年少者であっても、必ず起ち上って礼意を示したという〔子罕〕。巫史・楽師には瞽者が多かった。かれらは語部として古い物語や前言往行を伝え、また楽師として礼楽の伝承者でもあった。かれらのもつ伝承は、当時の知識の淵叢であった。

　西周の中期、おそらく昭穆期ごろから、廟歌として「周頌」の古い部分が生まれ、ついで後期には「小雅」「大雅」の詩篇が多く作られた。「国風」の諸篇も、これと前後して作られたものと思われる。それらは王室の儀礼の際や貴族の饗宴の席などで、それぞれ演奏されていたものであるが、春秋期になると、慣例的にそれぞれの儀節のときに歌われる詩篇が定まってくる。諸侯が王に謁見するとき、諸侯の会見のとき、賜饗や饗宴、あるいは射儀が行なわれるときというように、儀礼に応じて演奏される詩が固定してくる。これを入楽の詩という。また饗宴の間には、自由に詩篇をえらんで楽人に演奏させることができた。これは無算楽（むさんがく）という。『左伝』には、この無算楽として宴席のときに詩を賦した物語が、多くしるされている。詩には長篇が多いから、参加者は一篇のうちから、自分の感情や意見を表現するのにふさわしい部分のみを、えらんで歌わせた。断章賦詩（だんしょうふし）といわれるものがそれである。人々はその選択された詩の章句を聞いて、その人の賢否を論じたりした。『詩』の学は、こういう外交的な場での必須の教養とされていたのである。

　孔子が『詩』を教科としてえらんだ目的については、『論語』にいろいろと説かれている。

子曰く、詩三百を誦するも、これに授くるに政を以てして達せず、四方に使して專對すること能はずんば、多しと雖もまたなにを以てか爲さん。〔子路〕

『詩』を学ぶことはまず、政事に達する道であった。孔子が武城の絃歌を聞いて楽しんだのも、そのゆえである。また他国に使節として十分に応対しうる能力を養うことも、その重要な目的であった。それは断章賦詩などによって、外交上の成果をあげるのに必要な教養とされたのである。孔子が子の伯魚に、「詩を學ばざれば、以て言ふなし」〔季氏〕と教えたというのも、その意であろう。また弟子たちに告げた語としては、次の一条がある。

子曰く、小子何ぞかの詩を學ぶことなきや。詩は以て興(きょう)すべく、以て觀るべく、以て群すべく、以て怨むべし。これをちかくしては父につかへ、これを遠くしては君につかふ。多く鳥獸草木の名を識る。〔陽貨〕

興とは、「詩に興(おこ)り、禮に立ち、樂に成る」〔泰伯〕というときの興であろう。さとるというほどの意味である。心の開かれることをいう。心が開かれて、はじめて他を理解しうる。他を理解することは、共同のいとなみの基礎である。このような彼我の理解の上になり立つ世界においてのみ、感情を訴え詠歎することができる。詠歎は「怨」、すなわち感情の傾斜から発するというのが、孔子の詩に対する理解であった。このような詩への理解、感情への共感こそ、父や君につかえる人倫の道にも連なるのである。

「多く鳥獣草木の名を識る」というのは、博物学的な知識をよろこんだ当時の学問の一傾向を示している。孔子がその博識を以て称せられたことは、多くの説話としても伝えられていることであるが、ここで注意されることは、孔子が古典としての『詩』を、「詩に興る」、すなわち人の性情の自然に訴えて、相互の理解を確かめるものと規定していることである。孔子はさらに進んで、「詩三百、一言以てこれを蔽ふ。曰く、思ふこと邪(よこしま)無し」〔為政〕といい、詩の本質を純粋な感情の世界にまで高めている。「思ふこと邪無し」は『詩』の「魯頌」にみえるもので、「ここに邪無し」とよむべき句であるが、孔子は「思ふこと」と解してこの句を用いたのであろう。孔子はまた音楽を究極のものとし、あらゆる表象の媒介を超えた純粋に美的な形象として、楽章をあげている。古楽の韶(しょう)を聞いて「三月、肉の味を」〔述而〕忘れ、また「韶は美を盡くせり。また善を盡くせり」〔八佾〕ともいう。人間形成の最終の段階を「樂に成る」というのは、美と善との結合した最高の形式を、そこに見出しているからである。しかしこのような詩や楽への理解が、おそらくは楽師の伝承するところからえたものであることは、疑いないことである。ただその意味の把握において、孔子の理解はおそらく楽師の伝承を超えていよう。孔子は、すべてのものに究極の意味を求めてやまない人であった。

儒学の成立を促した種々の条件について、いままでその大略を考えてきた。儒はもと巫祝を意味する語であった。かれらは古い呪的な儀礼や、喪葬などのことに従う下層の人たちであった。孔子はおそらくその階層に生まれた人であろう。しかし無類の好学の人であった孔子は、そのような儀礼の本来の意味を求めて、古典を学んだ。『書』や『詩』を学び、これを伝承する史や師についても、ひろく知見を求めた。そしておよそ先王の礼楽として伝えられるすべてのものを、ほとんど修め尽くすことができた。儒学のもつ知識的な面は、これですでに用意を終えているのである。これをどのように現実の社会に適用してゆくか。それが次の問題であった。この時代にはすでにかなり一般的なことであったが、孔子も弟子をもった。政治的にも発言しうる立場にあり、知識社会への影響力も決して微弱ではない。しかしそのような教団は、当時必ずしもなかったとはいえないし、またそれだけでは十分な意味で君子の儒ではない。

顧みていえば、それらの知識や徳目や教科は、それぞれの職能者たちの伝承として、すでにあったものである。問題はこれらの意識形態をどのように統一し、その全体に連関を与え、具体化し、有機的に機能させるか、すなわち伝統として樹立するか、ということである。そこに孔子の課題があった。

さて、冒頭でも触れたように、孟子は孔子の事業を、楽章にたとえて説いている。「集大成なるものは、金聲してこれを玉振するなり。金聲なるものは（楽の）條理を始むるなり。玉振するものは、條理を終ふるなり。條理を始むるは智のことなり。條理を終ふるは聖のことなり」〔万章下〕。いかにも孟子らしい表現のしかたであるが、しかし孔子はどのようにして「その條理を終へ」たのであろうか。「聖のこと」はいかにして成就されたのであろうか。

孔子がどのようにして問題を深めていったかを、さきに述べた『詩』への理解についてたどってみよう。教科としての『詩』は、まず多く鳥獣草木の名を識る博物学の教本であった。また詩は「以て言ふべき」もの、表現のための修辞の学であった。ゆえにそれは、「四方に使して專對する」能力を養うものであった。しかし詩篇の内容的な理解は、それを通して人の性情を深めるものでなければならない。詩は「以て興すべく、以て觀るべく、以て群すべく、以て怨むべき」〔陽貨〕ものであり、社会生活のあり方、人倫の基本にあるものがそれによって教えられる。それは為政者としても必要な教養である。しかし詩の教えは、これにとどまるものではない。詩は人を「思ふこと邪無し」という純粋の思惟の世界に導く。古代の聖王の楽章が美と善とを尽くすものであるように、詩もまたその極致の世界に通ずるのである。

礼楽の伝統に対しても、孔子は無条件にこれを受け容れたのではない。「禮といひ禮といふも、玉帛をいはんや。樂といひ樂といふも、鐘鼓をいはんや」〔陽貨〕と、礼の本質がその形式にあるのではないことを注意する。礼はその志をとうとぶのである。「祭るには在す（います）が如くす」〔八佾〕という誠実さがなければならない。三代の礼制の推移のごときは、世の変遷に伴うものであるから、多少の損益があるのは当然である。しかし礼の形式は、なるべくこれを残しておかなければならない。子貢が月始めの祭に用いる犠牲の羊を廃止しようと提議したとき、孔子は「賜や、爾はその羊を愛むも、我はその禮を愛む」〔八佾〕と述べている。「その禮を愛む」のは、わずかにその形式によって伝えられている礼の精神を、失うことをおそれるからである。

　礼の本質が、現在の秩序を支えようとする社会的な合意にあるとすれば、その合意の根柢にあるものは、人の徳性を可能ならしめるところの仁でなければならない。しかも人は、礼の実践を通じてその仁に到達しうるのである。『論語』には仁に関する章が多いが、顔淵に答えた孔子のことばは、おそらくその奥義を発揮したものであろう。

　顔淵、仁を問ふ。子曰く、己れに克ち禮に復るを仁となす。一日己れに克ち禮に復らば、天下仁に歸せん。仁を爲すは己れに由る。人に由るならんや。〔顔淵〕

　仁というのは、孔子が発明した語であるらしい。孔子以前の用例としては、『詩』に二例があるのみである。「鄭風」の「叔于田」に「叔ここに田すれば　巷に人なし　叔に如かざるなり　まことに美にして且つ仁なり」、また「斉風」の「盧令」に「盧　令令たり　その人美にして且つ仁なり」と歌う。叔は次郎さんというほどの語。盧は猟犬、令令は鈴の鳴りひびく音。詩はいずれも狩猟の歌で、仁とは狩衣姿も凜々しい若者のたのもしさをいう語である。

仁を二人の会意字であるというのは、俗説である。その字形は、人が衽席（じんせき）を敷いて坐している形にすぎない。『詩』の「邶風（はい）」の「燕々（えんえん）」の詩に、「仲氏任（じん）なり　その心塞淵（さいえん）（広やか）なり」と、人をほめる語がある。任とは心の寛大なことをいう意であるから、仁の原義は、この任の意であろう。しかし任も物を背負う意の字であり、いずれも仮借の字である。仁は、多く徳目の名を用いている両周の金文にも、なおみえない字である。

孔子が、従来その意味に用いられたことのない仁の字を、最高の徳の名としたのは、「仁は人なり」ともいわれるように、同音の関係によって、いわば全人間的なありかたを表現するにふさわしい語と考えたからであろう。そしてこれによって、伝統的なものと価値的なものとの、全体的な統一を成就しようとしたのであろう。克己復礼が仁であるというのは、社会的な合意としての礼の伝統を、その主体的な実践のなかで確かめるという意味と思われる。仁は単に情緒的なものではない。「あはれ」というような感情でなく、きびしい実践によって獲得されるものである。しかもその実践は、行為の規範としての礼の伝統によるものでなければならない。

孔子の思想、従って儒教思想の中心をなすものは、仁であるといわれる。事実、『論語』の中には、仁を論じた章が甚だ多く、約四百章のうち五十八章に及んでいる。そのうち直接に孔子の語として述べられているものは、五十五章であるが、孔子みずから仁を規定したものは一章もない。仁を規定することは、孔子においても不可能であったのであろう。あるいは、規定することは限定することに外ならないから、孔子はあえてそれを避けたのであろうと思われる。「仁遠からんや。われ仁を欲せば、すなはち仁至らん」〔述而〕というのは、その容易さをいうのではなく、まず仁を欲するという、その意志をもつことが先決であるとするのである。「仁に當りては師にも讓らず」、「身を殺して以て仁を成すこと有り」〔衛霊公〕というほど仁はきびしいものであった。孔子の高弟たちのうちでも、仁をもってゆるされたのは顔回のみである。さきに仁の意味について、孔子と顔回との問答の語にその例を求めたのも、そのために外ならない。しかしそれも、「回や、その心三月仁を違らず」〔雍也〕という、限定づきのものであった。仁には、瞬時もゆるがせにしえない、きびしい実践が要求される。「民の仁におけるや、水火よりも甚だし。水火はわれ踏みて死するものを見るも、いまだ仁を踏みて死するものを見ざるなり」〔衛霊公〕。しかし、これほどの重要な問題について、孔子が何らの具体的な規定を示さないのは、なぜであろう。もし推測していうとすれば、それは芭蕉が、不易と流行との主体的な統一の場として、「まことを責める」〔あかさうし〕というほかなかったように、そのような伝統樹立の場としての、仁が考えられていたのであろう。そこでは、すべての行為や存在は、みな仁の媒介者であるに過ぎない。その媒介者の場としてあるもの、それが孔子のいう仁であったのではないかと思う。孔子は顔回に答えた語〔顔淵〕の中で、「一日、己れに克ち禮に復らば、天下仁に歸せん」と述べている。「一日」と特に限定したのは、歴史的時間としての場の意味であろう。また「仁を爲すは己れに由る。人に由るならんや」というのは、もちろん行為の主体としての我をさしている。これがおそらく、孔子が仁に与えた唯一の規定ではないかと思う。もし伝統と価値との同時的な統一、すべてのものがここにおいてあるという場としてのそれが仁であるとすれば、それはまことにみごとな伝統の樹立のしかたであったといえよう。儒教はここに成立する。儒教が孔子の仁において成立するとされるのは、この意味に外ならない。

　儒教は、中国における古代的な意識形態のすべてを含んで、その上に成立した。伝統は過去のすべてを包み、しかも新しい歴史の可能性を生み出す場であるから、それはいわば多の統一の上になり立つ。儒の源流として考えられる古代的な伝承は、まことに雑多である。その精神的な系譜は、おそらくこの民族の、過去の体験のすべてに通じていよう。孔子は、このような諸伝承のもつ意味を、その極限にまで追求しようとした。詩において、楽において、また礼において、その追求が試みられたことは、すでにみてきた通りである。そしてその統一の場として、仁を見出したのである。過去のあらゆる精神的な遺産は、ここにおいて規範的なものにまで高められる。しかも孔子は、そのすべてを伝統の創始者としての周公に帰した。そして孔子自身は、みずからを「述べて作らざる」ものと規定する。孔子は、そのような伝統の価値体系である「文」の、祖述者たることに甘んじようとする。しかし実は、このように無主体的な主体の自覚のうちにこそ、創造の秘密があったのである。伝統は運動をもつものでなければならない。運動は、原点への回帰を通じて、その歴史的可能性を確かめる。その回帰と創造の限りない運動の上に、伝統は生きてゆくのである。儒教はそののち二千数百年にわたって、この国の伝統を形成した。そしていくたびか新しい自己運動を展開したが、そのような運動の方式は、すでに孔子において設定されていたものであった。孔子が不朽であるのは、このような伝統の樹立者としてである。

第三章　孔子の立場

体制について

人はみな、所与の世界に生きる。何びとも、その与えられた条件を超えることはできない。その与えられた条件を、もし体制とよぶとすれば、人はその体制の中に生きるのである。体制に随順して生きることによって、充足がえられるならば、人は幸福であるかも知れない。しかし体制が、人間の可能性を抑圧する力としてはたらくとき、人はその体制を超えようとする。そこに変革を求める。思想は、何らかの意味で変革を意図するところに生まれるものであるから、変革者は必ず思想家でなくてはならない。またその行為者でなくてはならない。しかしそのような思想や行動が、体制の中にある人に、受け容れられるはずはない。それで思想家は、しばしば反体制者となる。少なくとも、反体制者として扱われる。孔子は、そのような意味で反体制者であった。孔子が、その生涯の最も重要な時期を、亡命と漂泊のうちに過ごしたのは、そのためである。孔子はその意味では、圏外の人であった。

しかし春秋の末期には、亡命はほとんど日常のことのように頻繁であった。体制内の権力闘争に敗れたものは、おおむね他国に亡命したからである。国内の権力闘争も、すでに列国間の利害が錯綜している当時にあっては、外部勢力との結託の上になされることが多かった。諸国の利害がからむ、複雑な国際関係の中におかれた小国は、つねに外からの力で、国内が引き裂かれる危険性をもつ。魯もまた、そういう小国の一つであった。陽虎の叛〔二八頁以下〕にしても、その第一の亡命先が、魯と敵対関係にあった斉であることからいえば、斉と結んでのことであったと推測される。

ただ孔子の場合は、陽虎とかなりちがうのである。孔子は支配階級に属する人ではなかった。政治的な権力や地位を求めての行動でなかったことは、孔子の試みた改革が、ほとんど政治的な配慮を欠くものであったことからも、知られるのである。孔子における変革とは、武城の絃歌を聞くことを楽しむ〔陽貨〕ような、理想主義者のそれであった。そのゆえに孔子は、その現実に敗れると、道の問題、人間の問題に回帰する。もと、孔子の変革の論理である「齊、一變せば魯に至らん。魯、一變せば道に至らん」〔雍也〕というその出発点が、道の問題であり、伝統の問題であったからである。

しかし現実において、体制は梗塞し、人間性の尊厳は見失われている。小国魯の政情は、不安な状態をつづけている。晋と結んで、わずかに国際的な地位を保つに過ぎない祖国の姿を見つめながら、孔子はその救済を志して成らず、亡命十余年ののち、結局は季氏の権力のもとに屈する外なかった。私はそのような孔子の立場を、ここではなるべく、社会史的視野に近づけながらとり扱おうと思う。そのためまず、当時の一般的な状況から考えてゆきたい。

孔子の当時、魯は「政、季氏に在ること三世、魯君、政を喪ふこと四公」〔左伝、昭二十五年〕といわれるように、季氏が国政を執っていたが、そのような状態は、必ずしも魯国に限ることではなかった。春秋末期の列国は、ほとんど同じように、その公族の諸門が専権を恣にし、また異姓の臣が有力であった大国の晋や斉は、まもなくその国が分割され、あるいは君侯の地位を奪われている。同姓公族の専制下にあった諸国では、またその内部で政権の争奪が行なわれた。国君は政争の渦中にあって、政争に利用されるのみであった。『春秋』に、君の弑殺をしるすもの二十五、そのうち子にして父を殺すもの六、他はみな臣下に殺されたものであるが、中には蔡侯〔左伝、哀四年〕のように、盗(とう)に暗殺されたものもある。もとより、政治的な暗殺である。

季氏の専制に対して、魯の昭公は、君権の回復を試みてクーデターを起したが、それはたちまち失敗して、斉に亡命した〔昭二十五年〕。しかし国君の亡命という事態は、季氏の専制の上からも好ましいことではない。季氏は昭公と和解の機会をえたいと考えていたし、国内にもしばしば復辟運動が起っている。しかしそのつど、運動の推進者たちは、不審の死を遂げた〔昭二十六年〕。おそらく復辟の反対者である陽虎が、その下手人であろう。陽虎は、昭公の亡命地である鄆に、直接攻撃を加えることをも、あえて辞さなかった男である〔昭二十八年〕。季氏の専権といっても、実はその背後にある陽虎が、実力者であった。それで季平子が没すると、陽虎はその後継者である季桓子をとらえて盟約させ、自己の専制を確立した。いわゆる下剋上の時代である。

陽虎は、かつて孔子をその門下に招こうとした男である。孔子を反体制者と見こんでのことであろう。彼が、師儒の一面をもつ、当時の改革者の一人であり、のちながく孔子の敵対者となった人物であることは、すでに述べた〔四九頁以下〕。陽虎も、政治上に何らかの主張をもつものであったらしいことは、「陽虎、政を爲して、魯國服せり」という『左伝』〔定八年〕の記述からも知ることができる。おそらく、季氏の専権を排するという政治上の改革が、国人の共感をえたのであろう。

しかし陽虎は、その専制に限界を感じていたようである。三世四公にわたる季氏の勢力は、容易に打破しがたいものがあったのであろう。専制の翌年〔定六年〕、魯はその年の春に、鄭よりえた俘囚を晋に献じて、その款心を求めるため季桓子を派遣したが、そのとき陽虎は、三桓の一人である孟懿子をむりに同行させた。それは晋侯夫人と私交を結び、万一自分が魯国を棄てるときには、中軍司馬の職をもって亡命を受け容れることを、晋に約束させるためであった。のち陽虎は、失脚して魯を去ったが、晋に最後の亡命の地を求めている。亡命はおおむね、事前に計画されているのである。

専制三年ののち、陽虎はみずから孟孫氏の地位に代ろうとして敗れ、魯侯の宝器を竊んで去った。その宝器は、魯公伯禽（はくきん）が、魯に受封するときに、父の周公から与えられたという伝世のものである。『春秋』〔定八年〕に「盗、寶玉大弓を竊む」としるされているものがそれであるが、このような政治的亡命者は盗とよばれた。

陽虎は斉に奔ると、直ちに斉侯に請うて、魯に報復的な討伐を加えようとしたが、鮑叔の子孫で、斉の実力者である鮑文子の反対によって、果たさなかった。当時の世族勢力を代表するものが、陽虎のこのような行動を是認するはずはない。このとき鮑文子は、陽虎を「富に親しみて、仁に親しまず」と非難している。それは『孟子』〔滕文公下〕に陽虎の語として引く「富を爲せば仁ならず」という語と似ているが、孟子の文を信ずるとすれば、仁を主張しているのはむしろ陽虎の方であろう。陽虎は晋に入ってからも、『周易』によって鄭との開戦の吉凶を卜っており〔定九年〕、巫史の学にも通じていたことが知られる。

孔子が亡命を余儀なくされた事情も、陽虎のそれと似たところがある。季氏の宰であった公山弗擾（ふつじょう）が、季氏の邑である費に拠って叛こうとしたとき、孔子はその招きに応じようとして、子路の反対を受けた。おそらくこの叛乱は実行されなかったのであろうが、孔子がこれに加担する態度を示したことは事実である。公山弗擾は、一時は陽虎に協力していた人物である。のち子路が季氏の宰になると、孔子は三家の邑の武装解除という、思い切った政策を子路に強行させた。そしてそのことは最後の段階で失敗し、季氏との確執を生じて、長い亡命の旅に上るのである。孔子も巫史の学から起って、仁を説いた。その学の由るところと、その行動とは、ほとんど陽虎と異なるところはない。陽虎が孔子に同調を求めたのも、孔子を自己と同じ立場にあるものと考えたからであろう。孔子もまた反体制者であったのである。

孔子に対するそのような認識は、孔子に近い時代にあっては、おそらく一般的なものであったのではないかと思う。たとえば『墨子』の「非儒篇」には、孔子を叛逆者として攻撃を加えている。

いま孔某、深慮同謀、以て賊に奉ず。思を労し、知を盡くし、以て邪を行ひ、下に勸めて上を亂し、臣に君を弑することを教ふ。賢人の行に非ざるなり。人の國に入りて、人の賊に與(くみ)す。義の類に非ざるなり。

孔某の行ふところは、心術の至るところなり。その徒屬弟子、みな孔某にならふ。子貢・季路は孔悝(こうくわい)を輔けて衛に亂し、陽貨は齊に亂し、佛肸(ふっきつ)は中牟(ちゅうぼう)を以て畔(そむ)き、漆雕(しってう)は刑殘せらる。……いま孔某の行、かくの如し。儒士は則ち以て疑ふべし。

ここでは、陽貨すなわち陽虎は孔門、あるいは儒家一派の人とみなされている。「齊」というのは、『孔叢子(くぞうし)』に引くように、「魯」の誤であろう。「非儒篇」には、他にも孔子に対して、攻撃を加えた文が多いが、たとえば孔子の没年に起った楚の白公勝の乱を、孔子が楚に赴いたときに使嗾した結果であるとし、あるいは『論語』の「述べて作らず」〔述而〕という孔子の語を引いて、制作は君子のことであると論じて弓甲車舟の起源を説くなど、事実の誤や論旨の歪曲があり、墨子後学のなすところかと思われる。しかしこのように、孔子を正面から叛逆者、その使嗾者扱いにする墨子一派の主張に対しては、儒学の正統をもって任ずる孟子が、これを黙認するはずはない。孔子が魯の『春秋』を修めて、大義名分を正し、「孔子、春秋を作りて、亂臣賊子おそる」〔滕文公下〕といい、孔子が春秋の学を起したとする孟子の主張は、おそらくこのような墨学一派の攻撃に対して、これを粉砕するために孟子がいい出したものであろう。『春秋』は史官の司るところであり、公的な記録である。史官がその記録のために、どのような厳しい使命感に生きていたかということも、すでにふれた〔八八頁〕。『春秋』を名分の書とし、これを孔子と結びつけることは、『孟子』に至ってはじめてみえることである。しかしいずれにしても、孟子が春秋の学を提唱した背後には、孔子を叛逆者として攻撃する一部の論者に対する用意があったことは、疑いない。

しかし客観的にみれば、孔子がどのような高い理想に生きたとしても、孔子のたどった生涯は、外見上、陽虎とよく似ているのである。墨子学派の認識は、むしろ当時一般的なものであったとみるべきであろう。のみならず、歴史的にみれば、孔子もまた、当時の社会からは圏外の人とされた亡命者・外盗・巫史・百工など、ときには「群不逞の徒」〔左伝、哀十年〕とよばれる一群に属する人であった。

聖人孔子を、「群不逞の徒」の中におこうとするこの試みについては、共感しがたいとされる方が多いであろう。私もこのようなところに、いつまでも孔子をとどめておく考えはない。孔子がその人格において、また思想家として、殊に哲人としてどのように偉大であったかについては、私もすでに第一、二章に述べてきたところである。しかしその偉大さは、偉大であることをいうだけで証明されるのではない。その偉大さが、どのようにして成就されたかということが、より本質的な問題である。十字架に上り、あるいは刑死することさえ、むしろその生き方を意義づけるのである。政治犯・思想犯として扱われることなどは、問うべきところではない。

ただ、哲人はつねに、その生きかたを問われる。特にその体制における生き方を問われる。その生きた時代のみでなく、いつの時代においても、歴史の上でそれが問いつづけられるのである。そしてそれを問うことは、またわれわれ自身の課題である。

群不逞の徒

陽貨は亡命に当って、『春秋』の経文に「盗」としるされたが、孔子とても、亡命中は「殺すもの罪なし」とされた身分であった。当時のことばでいえば、「外盗」である。

盗は、当時の顕著な社会的事実である。

春秋の末期は、社会秩序の崩壊が急速に進んだ時期である。内部的には、氏族制の弛緩が著しい。陽虎が容易に三家を制しえたのも、三家の間の反目、さらには季孫・叔孫などの内部にも分裂があって、陽虎に加担するものがあったからである〔左伝、定八年〕。国内の抗争に勝つために、外部の勢力と結び、これを導入することもあった。そして小国ほど、その傾向が著しい。今日のわれわれの体験するところからいえば、二千数百年以前の古代国家群の実情も、容易に理解しうるはずである。

当時の列国内の情勢を検討するために、一つの例をあげよう。鄭はいまの河南中央部、当時の中原を円をもって示すとすれば、その円の中心点に位置する国である。周辺にそれぞれ強国をひかえており、外交には最も苦しんだ国であったが、南方の楚の侵略に備えて、北方の晋につかえた。しかし、のちに覇業を成就した晋の文公が、さきに王子として亡命し身を寄せたとき、これに礼を失したことがあり、晋文の即位後には両国の友好が絶え、やむなく鄭伯文公（前六七二〜六二八）は、南方の楚と和親策をとった。国内は、親晋派と親楚派に分裂する。

鄭伯には、かねて三夫人と五公子とがあった。そのうち三人は、毒殺されるなどの不幸な死を遂げ、一人は早逝し、残された子蘭は晋に奔って、晋文の愛幸を受けていた。いずれは、鄭に送って位に即け、その勢力下におく考えであった。それで鄭伯が楚との友好を結ぶと、晋は秦と連合して鄭の都を囲み、ついに子蘭を太子と定めることを鄭に承認させて、兵を引いた〔僖三十年〕。

これよりさき、鄭伯の世子であった子華は、斉と結んでその地位を確保しようとする策謀を行なったが、失敗して殺された。その弟の子臧も、身の危険を感じて、隣国の宋に奔った〔僖十六年〕。子臧の母は、陳の人である。もし母の生国の援助を求めるならば、陳に奔るべきであるが、当時陳は楚の与国であり、鄭もまた楚と結んでいる。近辺の国では、他に安全なところもない。宋はこのとき、楚とは対立関係にあった。王子たちの亡命の背後に、それぞれ外部勢力と結ぶ国内の擁立者があることは、明らかである。

子臧は宋にあって、多く鷸冠を集めたという。鷸冠というのは、前方をまるくして、長い羽毛を飾りに立てたもので、また圜冠ともよばれている。『左伝』〔僖二十四年〕によると、鄭伯は、そういう子臧の行為を快からぬことと思って、盗に命じてこれを殺させた。「八月、盗、これを陳宋の間に殺す」としるされている。

『左伝』にはこの事件について、服装が正しくないのは、禍を招くものであるとして、詩句を引用し、また「子臧の服は稱はざるかな」という君子の評語を載せている。その服飾が華美であるために、亡命中に不謹慎であるというので、暗殺されたのだという。しかし問題は、はたして単純な服装のことなのであろうか。

この事件の直後に、宋は楚との絶交を解き、楚と和親の関係を結んでいる。宋の成公は楚を訪問し、さらに鄭をも訪れた。宋は殷王朝の子孫であるというので、鄭では先王としての礼をもってこれを待遇している。この一連の事実が、子臧の暗殺と関連をもつことは明らかであろう。すなわち、鄭の現政権に反抗する亡命者をたおすことが、宋が楚・鄭と和親を結ぶための要請であったのである。「盗、これを陳宋の間に殺す」というのは、おそらく宋が、これを誘殺したのであろう。あるいは、危険を感じた子臧が、母の生国である陳に奔ろうとして、殺されたのかも知れない。いずれにしても、子臧の死は、国際間の政治の犠牲であった。

子臧の死については、なお鷸冠の問題が残されている。子臧が鷸冠を集めていると聞いて、鄭伯がその暗殺を図ったとすれば、鷸冠を集めることは、鄭伯にとって危険な行為とされたのであろう。

『荘子』の「田子方篇」に、「儒者の圜冠を冠するは、天の時を知ればなり」という語がある。また「天地篇」に「皮弁鷸冠」とあり、『説文』〔巻四上〕の鷸字条に、「禮記に曰く、天の時を知るものは鷸を冠す」という文を引く。鷸はよく天の晴雨を知る鳥とされている。いまの翠鳥のことである。

儒者が、儒冠儒服と称して、好んで特別の服装をしていたことは、のちまでも著しい事実であるが、その儒冠は圜冠、すなわち鷸冠であった。春秋の中期のことであるから、当時儒者がいたわけではなく、もしこのような鷸冠を用いるものがあるとすれば、おそらく巫祝の徒であろう。宋は殷人の後裔であり、陳は巫風のさかんなところで、多くの巫祝がいた。『詩経』の「陳風」は、その大部分が歌垣の歌で、宛丘（えんきゅう）では夏となく冬となく、鷺羽をかざして舞うことが歌われている。鷸冠の遺制はよく知られないが、今でも孔子廟の祭には、圜冠に長い羽毛を立てて、群舞が行なわれる。あるいは鷸冠のなごりであるかも知れない。

子臧が、亡命地にあって鷸冠を集めたというのは、あるいはこれら巫祝の徒を集めて、その勢力の結集を図ったものであろう。このような古い祭祀集団は、意外に強固な組織をもつものである。もしその組織力が子臧に利用されることになると、事態は容易でない。鄭伯はこれを未然に防ぐために宋にはたらきかけ、宋も楚・鄭への和解の手段として、子臧を暗殺したのであろう。事後の責任を回避するために、暗殺は盗によって行なわれた。

鄭の継嗣問題をめぐって、列国はそれぞれの利害から種々の動きをみせ、千波万波をよぶ。一方亡命者の方では、鷸冠の徒を集めて巫祝の勢力を利用しようとし、これを阻止するために盗が用いられる。鷸冠の徒は、あるいはのちの儒の祖型をなすものであったかも知れない。孔子の教団が成立するのは、これより百五十年ほどのちのことである。

盗はこの事件では名をしるされていない。魯の宝器を竊んだ陽虎のように、その名が明らかであっても、公式にはそれを記録しないのが、当時の定めであった。大夫以下の場合も同様である。ただ盗といえば、多くは外盗をいう。本貫を離れた亡命者・逃亡者をさすことが多い。亡命中とはいえ、一部の勢力を代表する王子を暗殺するのであるから、かれらもまた相当の力をもつものであったとしなければならない。そこはかとなき盗竊者の類でないことは明らかである。当時の社会の実情は、かえってかれらを通じて、その一面を示すものがあろう。それでもう一つ、鄭国の盗の例をあげておこう。すでに孔子の時代に入ってからのことである。

『春秋』の経の襄十年（前五六三）に、「冬、盗、鄭の公子騑・公子發・公孫輒を殺す」という記事がある。鄭国で起った事件であるが、執政の暗殺であるから、魯にも正式の通報があって、その国史に記載された。国際的な重大事件として、扱われているのである。殺された二公子は、鄭の七穆とよばれる穆公の公子中の有力者であり、公子発は、のちに名政治家の名を博した子産の父である。

事件は、公子騑がその所領の耕地を広めるために、侯氏・堵氏ら五氏族の田を強制没収したことから起った。この土地収奪に怒った五族のものたちが、「群不逞の徒」を集め、当時の宰相であった公子騑、司馬職（軍務相）であった公子発、また司空（土木相）の職にあった公孫輒を襲殺したのである。そのため執政府は潰滅し、鄭伯も一時拘禁されるという状態であった。このとき、子産は変を聞いて機敏に行動し、たちまちこのクーデターを鎮圧した。鎮圧に要した兵力は兵車十七乗、ほぼ千三百人に近い動員を行なって、群盗を殲滅した。首謀者であった侯氏は晋に奔り、堵氏らはその余衆とともに宋に逃れた。『左伝』〔襄十年〕には、「書して盗といふは、大夫なきをいふなり」と説いている。叛乱者は盗とよばれたのである。

この事件の五年のち〔襄十五年〕、父を殺された鄭の子産の要請によって、宋への亡命者は鄭に引き渡された。鄭は馬四十乗、百六十四を、その代償として宋に贈っている。亡命者たちは、宋で五年間、悠々と暮していたのである。亡命はそれほど困難でなかったらしいが、政治的な取引の材料にされる可能性がある。引き渡された首謀者三名は、まもなく塩づけにされた。

魯の国にも、盗とよばれる亡命者が多かった。『論語』に「季康子、盗を患（うれ）へて、孔子に問ふ」という一条がある。孔子はこれにこたえて、「もし子（し）の欲せざれば、これを賞すと雖も竊まず」〔顔淵〕と告げている。「もし子の欲せざれば」という孔子の語気からすると、当時の政治家には、ひそかに群盗を利用するものがいたのであろう。

季康子の先代に季武子という人があり、孔子がまだ幼少のころ、魯の執政であった。そのころ邾（ちゅ）の国からの亡命者があったが、武子はこれを保護したのみならず、その親族の女を妻として与え、礼遇した。何か政治的に利用する魂胆があったのであろう。当時、魯には盗が多く、季氏は司寇（法務相）である臧武仲に、その掃討を命じたが、武仲は

「あなたが外盗をあのように優遇されているのでは、示しがつきませぬ」〔襄二十一年〕と答えている。孔子と季康子との問答も同じような意味であるから、なお外盗優遇のことが行なわれていたのであろう。そのころはどの国でも盗が多く、晋では盗賊公行し、外国使節の居館すら、警備が容易でないという状態であった〔襄二十一年〕。その徒三千人を率いて、天下に横行したといわれる盗跖は、伝説的な人物であろうが、魯の賢大夫とされる柳下恵（展禽）の弟であるという。孔子が生きた時代を知る上に、これらはみな重要な消息を伝えるものといえよう。

以上の諸例を通じて、盗がおおむね叛乱者であり、亡命者であり、しかも相当の組織と行動力をもつ集団であったことが、理解されよう。しかもかれらは、その亡命地で上下の交わりをなし、鄭の五族の余衆は、執政府を覆滅する大事を起したにもかかわらず、宋に亡命して五年も無事に過ごしている。鄭からの引渡し要請がなければ、移住と異なることのない状態である。

これらのことを考えると、孔子がその徒を率いて、十四年にわたる亡命生活を送ったという事実も、相似た事例としうるであろう。宋で囲まれたのは、衛の継嗣問題に関連していようし、陳蔡の厄にも、何か背後の事実があるかも知れない。鶡冠の徒を従えていなかったとしても、その教団は、もと巫祝集団から発展したものと思われる。随処に礼の実修をしているのは、その教団の原質を示している。また亡命中に、晋の仏肸の叛乱に応じようとし、楚の白公勝の乱にも示唆を与えたことがあるとすると、政治的な活動も試みていたこととなろう。

盗は『説文』〔巻八下〕に、羨の下部を含み、貪羨の意がある字であるという。器中の物を羨み竊むものが盗であるとするのであるが、以上の例からみても、器中の物を欲する小盗の類ではない。陽虎が斉に奔り、さらに晋に逃れたとき、これを受け容れた趙簡子は、「虎、よく人の國政を竊む」〔韓非子・外儲説左下〕と評した。当時の盗の実体を、よく示した語である。秦の石鼓文に盗の字形がみえ、水の形を二つと、人が口を開く形の欠を、器上に加えている。皿は盟誓のときに用いる器で、古くはこれで血をすすって盟ったものである。それに水を加えたり、侮蔑的な状態を示す欠をそえているのは、盟誓をけがし、破棄する呪詛的行為を示す。

『左伝』には、盟誓のことが、実に多くしるされている。盗とはその盟誓の破棄者であり、盟誓によって成り立つ共同体からの離脱者である。そのような離脱が頻繁に行なわれているのは、当時の貴族社会がすでに崩壊の寸前の状態にある、最も端的な徴証である。

盗の発生は、必ずしも春秋期にはじまるものではない。周の武王が、殷の紂（ちゅう）王を討伐するときに発した宣言といわれる『書』の「泰誓（たいせい）」には、紂がその宗族を退け、四方の亡命者を収めて起用していることを、討伐の理由としている。西周後期の詩篇である「小雅」「大雅」には、当時の社会詩・政治詩とみるべきものが多いが、「小雅」の「巧言」には、政治の混乱の原因が、盗の政治参与にあることを歌う。

君子しばしば盟ふ　亂ここを以て長ず　君子、盗を信ず　亂ここを以ておほいなり
盗言甚だ甘し　亂ここを以てすすむ

族外の亡命者、いわゆる異客が、氏族的な形態をとる当時の貴族社会に発生し、盗とよばれている。血縁的共同体として強い伝統をもつ貴族社会に、すでに解体現象が起っているのである。大土地所有の進行、領邑の拡大と拡散のために、共同体としての実質は失われ、群小の氏族や古代的な氏族的小国は、相ついで滅んだ。鄭の五族なども、その例である。こうして本貫を離れ、氏族の紐帯を失い、従来の秩序から脱落したものが、外盗となり、「群不逞の徒」となった。これらが、社会不安の重要な原因をなしている。

新しい社会的階級として、工商の徒があらわれてきたことも、注意すべきことであろう。事物の制作や特定の生産物は、古くは主として職能的氏族によって行なわれ、かれらはおおむね王室や諸侯・貴族に、集団として隷属するものであった。『周礼』の伝える古代の官制のうちには、土方氏（土木）、冶氏・段氏（金工）、鍾氏（染色）のように、氏の名でよばれているものが多い。それらはわが国古代の品部のように、擬制的にもせよ、氏族的な形態をとる職能的氏族であった。また「考工記」にみえる兵器や器用の制

作者たちは、矢人・函人のように、多く人とよばれている。それもおそらく、制作者の集団であろう。

西周の滅亡によって、これらの王官的な百工は、有力な貴族に依付し、あるいは自立して自由な経済生活を営んだ。そして、列国が閉鎖的な状態から脱して、国際的な規模の活動を行なうようになると、需要の増大、殊に戦争規模の拡大などによって、その社会的地位も高められてくる。そして特定の生産物を独占した職能者の富強は、たちまちのうちに世族の勢力を圧倒するものさえあらわれた。斉の桓公の覇業をたすけ、「管鮑(かんぽう)の交」をもって知られる鮑叔は、おそらく『周礼』にみえる鮑人、すなわち皮革業者であったのではないかと思われる。その子孫が、春秋中期に作った大鐘には、鮑は陶の下に革を加えた字でかかれている。その銘によると、鮑子は斉侯より邑二百九十九邑を賜い、またその地の民人都鄙を与えられることがしるされている。おそらく百工出身の世族であったのであろう。

また士人にして賈利を営むものもあらわれてきた。江南の呉越の争覇に、越軍の智謀として活躍した范蠡(はんれい)は、呉を滅ぼしたのち、海に浮かんで北方の斉に亡命した。功成って身退くという賢者の道を実践したのである。のち陶の地に、交易の利を収めて巨富を成したといわれる陶朱公が、その後身であった。孔門のうちにも、子貢のように投機に長じた人がある〔先進〕。士農工商の別はあったとしても、それはすでに絶対的な身分ではなかった。

国家の成立が、はじめから商工者との協約によるという、特異な形態をとるものもあった。さきにも亡命者の例としてあげた鄭の国は、商工業の盛んなところであった。鄭は古く殷王朝が一時都していた地であり、鄭州の当時の遺址からは、初期青銅器の作られていた工房のあとが、多く発見されている。殷の滅亡後、その技術者や工人たちは、一時陝西（せんせい）の王畿に連れ去られたが、周の東遷のとき、周の王族である桓公が、これらの鄭人を率いて、またここに国を建てた。それは桓公が、陝西の鄭人を治めて、非常な人望をえていたからである。それで鄭の建国のとき、桓公は鄭人と相互契約を結び、鄭人の政治不参加を条件に、その経済活動の自由を認めたのであった〔左伝、昭十六年〕。いわば契約国家ともいうべき形態である。

　経済活動の自由をえた鄭の商人たちは、国際的にも進出して、強大な経済力をもつようになった。鄭の商人弦高が、隊商を率いて都の洛陽に向う途中、鄭を奇襲しようとして兵を進めていた秦軍に遭遇した。弦高はその密謀を知って、すでにその作戦は鄭の予知するところであるように振舞い、贈り物を与えて退却させた〔僖三十三年〕。また同じく鄭の商人が、楚にとらえられている晋の大臣たちを、ひそかに逃亡させたという話〔成三年〕もある。この商人の名は伝えられていないが、春秋の中期において、かれらの活動は、すでに国際政治の上に、その実力を示している。

王室や貴族に隷属していた制作者たち、すなわち百工は、古い慣行に従って、久しく政治の圏外にあったが、かれらが社会的な階層としての地位を獲得すると、その集団性は無視しがたい力を発揮する。孔子が三十三歳に達している昭公の二十二年、周には王子朝の乱が起った。これは王位の継承を争っていた王子朝が、「舊官百工の職秩を喪へるもの」、すなわち王室の保護を失った百工や、その他の不平分子を糾合して、反対者を一掃するために起したクーデターである。百工たちに支えられた王子朝の乱は、のち数年もつづいたが、王子朝はついに敗れて、楚に亡命した。

工商はすでに、国家生活の重要な部分を占めていた。国としても、かれらの立場を考慮して、施策する必要があった。魯の陽虎が亡命した定八年、衛の国では、衛侯が晋との盟約に臨んで辱めを受け、退位を宣言するという騒ぎがあった。実は、晋から人質として入晋せよという要求を避けるためであった。衛の賢人といわれた王孫賈は、このとき国人の団結をもって晋に抗争することを説き、「衛国に災厄があれば、工商もみな利害をひとしゅうする」〔定八年〕と述べている。氏族的な古い身分制などは、すでに秩序の原理ではありえなかったのである。

春秋の末期、孔子の時代における中国の社会は、古代的な遺制が急速に崩壊しつつある、激しい流動の時代であり、従ってまた変革の時代であった。われわれはすでに、盗の系譜を通じて、その氏族制の解体してゆく過程をみた。また従来、社会的階層としては、ほとんど表面にあらわれることのなかった巫祝の徒や百工の属が、その集団性によってそれぞれ無視しがたい勢力を示しはじめたことに注意した。儒教はおそらく、そのような巫祝集団を母胎として、そこから生まれたものであろう。また百工の集団からは、のちにいうように、墨者の思想が形成されてきたと思われる。思想はすべて、そのような社会的階層のイデオロギーとして生まれるのである。

もとより、思想の形成ということが、すでに一つの変革である。儒家が巫祝の社会から起ったとしても、その伝統を墨守する限りにおいては、思想は生まれない。そこには、伝統の変革が必要であった。脱皮が要請されるのである。そしてそのような脱皮は、「群不逞の徒」の発生する社会において行なわれた。この時代のもつあらゆる条件が、その殻を破り、また内にあって因子としてはたらくのである。すでに孔子の時代において、儒家は、「夫子の門、何ぞそれ雑なるや」〔荀子・法行〕という批判を受けている。

たしかに、孔子の門には、さまざまな人物がいた。特に孔子と起居をともにしたとみられる弟子たちには、いわゆる「群不逞の徒」に属するものが多いのである。おそらく墨子の集団においても、それは著しかったであろう。世に儒俠・墨俠とよばれる性格のものを、多く含んでいたことは疑いない。孟子の遊説には、「後車數十乘、従者數百人」〔滕文公下〕が従って、諸侯に伝食したという。束脩の弟子とも思えない人数である。

当時の教団がそのようなものであるとすると、かれらのもつ社会的機能が、当然問題となる。しかしその問題について、正面から考察を試みたものは、いたって少ない。その意味では、郭沫若氏が、孔子の思想的活動を、当時における奴隷制解放の戦いであったと規定していることは、やはり注目すべき見解としなければならない。

奴隷制説

『墨子』の「非儒篇」には、さきに述べたように、孔子は「下に勸めて上を亂し、臣に君を弑することを教へ」る叛逆者であるという非難を加えている。そして陽貨・仏肸・白公勝の乱などをも、みな孔子の指導あるいは示唆によってなされたという。儒家がもしそのような変革を主導的に試みたとすれば、それは単なる叛乱でなく、思想的な集団の行動である以上、そこに明確な目的意識があったであろうとするのが、郭氏の考えである。それで郭氏は、このような一連の行動を、すべて奴隷制末期における、奴隷解放運動の意味をもつものとして、理解しようとした。

郭氏の奴隷制説は、はじめ秦漢の際をその下限として想定した。そしてその指導理論となったものは、当時における儒家の仁の思想であるとする。いま氏の『十批判書』(一九四五年刊)のいうところに従って、その見解を聞くことにしよう。

孔子の思想の核心をなすものは、いうまでもなく仁であるが、仁とは「人を愛す」〔顔淵〕ることであり、「博く民に施して、よく衆を濟ふ」〔雍也〕ことである。志士仁人は、「身を殺して仁を成す」〔衛霊公〕ものでなければならない。人とは、人民大衆である。仁道とは、大衆のために献身することに外ならない。

この大衆への献身という犠牲的な精神を養うために、人は自己本位の立場、利己的な欲求を棄てなければならない。それが礼である。「已れに克ち、禮に復る」〔顔淵〕とは、そういう高次の人道主義の立場に立つための、自己抑制を意味する。伯夷・叔斉は「仁を求めて仁を得た」〔述而〕人とされているが、みずからを犠牲にして大衆のために奉仕する精神こそ、至善である。「仁者は憂へず」〔子罕〕、「仁者は必ず勇あり」〔憲問〕、「仁に當りては師にも讓らず」〔衛霊公〕というのは、みなそのような革命のための、自己犠牲の精神をいう。そして、「このようないわゆる仁道は、明らかに奴隷解放の流れに順応しているもの」であり、「これはまたすなわち、人間の発見である」〔十批判書、訳一三二頁〕という。解放戦士の教条として、そのまま役立ちそうな理解である。

郭氏のこの書は、陳勝・呉広の挙兵を解放戦争とみなす想定のもとに、奴隷制を論じたものである。すなわち秦漢の際を奴隷制の下限とするものであるから、孔子の思想や行動を、直接に解放運動とすることを避けて、「奴隷解放の流れに順応する」ものという、かなりひかえた表現をしている。しかし次の著書である『奴隷制時代』〔一九五二年刊）では、孔子の時代を奴隷制の下限とする時期区分に改めている。当然、孔子は奴隷解放の指導者となり、旗手となった。『墨子』「非儒篇」の解釈に近づけたわけである。「非儒篇」には、孔子の没年に起った楚の白公勝の乱を、孔子の使嗾によるものであったとしている。白公のことは先秦の諸書にみえ、孔子との関係が問題とされているものであるが、郭氏は『淮南子』「人間訓」の文を引いて、その叛乱が奴隷解放のための戦いであったと論ずるのである。「人間訓」にいう。

屈建、石乞に告げて曰く、白公勝、まさに亂を爲さんとすと。石乞曰く、然らず。白公勝は、身を卑くして士に下り、敢て賢に驕らず。その家に筦籥（合鍵）の信、關鍵（錠前）の固めなし。大斗斛（大きなます）を以て出（貸）し、輕斤兩（軽い目にしたはかり）を以て納れしむ。しかるにこれを論ずるは、宜からざるに似たりと。屈建曰く、これ乃ち反する處以なりと。居ること三年にして、白公勝、果たして亂を爲し、令尹子西・司馬子期を殺せり。

郭氏はこの引用につづいて、白公が身分の隔てをせず、その居宅を解放し、貸し与えた穀は、返済のときその糧を減らすなどしているが、それは仁者のふるまいであり、奴隷解放者にふさわしい行為であるとして賞讃する。そして、のちに斉国を奪った田成子が、「一牛を殺すも、一豆の肉を取りて、餘は以て士に食はしめ」たという『韓非子』〔外儲説右上〕の文を引き、春秋末年の革命政治家は、みなこのような方法を用いたのだと論じている。

しかしこのように私恩を売り、私士を養う行為は、奴隷制そのものを社会悪として認識し、排撃するものの立場からいえば、ありえないことである。右の問答で屈建が指摘しているように、そういう私恩を売るやり方は、当時の野心家たちが、ことあるごとに、人心収攬の術として行なってきたことである。古くは斉の公子である商人というものが、弑逆をはかったときにも、「しばしば國に施し、多く士を聚め、その家を盡くし」〔左伝、文十四年〕たといわれ、魯の季氏や斉の田氏が、民心をえたとして国政を執るに至ったのも、いずれもそういう方法であった。

鄭の七穆の一である子皮が、執政となった早々のことである。鄭はその年、饑饉に苦しんだ。子皮は一戸に一鍾（しょう）の割合で穀物を配給し、人心を収めた。宋の子罕がそれを聞いて、宋に饑饉が起ると政府米を出して配給し、領民への支給米の不足する貴族たちには、自己の保有米を証文なしで貸与した〔左伝、襄二十九年〕。こういうことは、本来救荒策として、当然政府のとるべき施策であるが、当時の政治家たちは、みなその野望を達成する方法として利用したのである。郭氏の論法でいえば、かれらはみな尊敬すべき革命政治家ということになろう。それならば、革命は孔子の時代を待たずして、成就していたはずである。

『淮南子』よりも成立の早い『呂氏春秋』「精諭篇」に、白公と孔子との問答を載せている。白公は、微言をもって、その叛乱の意図を述べるが、孔子はこれにこたえていない。おそらく、孔子と白公との対面ということも、考えがたいように思う。白公の父である太子建は、讒を受けて宋に奔り〔昭十九年〕、のち鄭に入った。その子白公は楚の令尹子西に召還されて、呉に近い辺境に移されている。孔子の遊歴中にも、白公と会う機会はなかったであろう。

白公の召還については、楚の葉公が強硬に反対した。白公が死士を求めており、何か不穏の様子があるというのである〔左伝、哀十六年〕。この葉公には、孔子が亡命中、南遊して葉に至り、その問答が二条、『論語』〔子路〕にしるされている。その問答によると、葉公は法治主義者であったらしい。葉公は、私のところでは正直なものがあって、父が犯した悪事を、子が告発すると誇った。孔子は、父子はたがいに庇いあうもので、そのことが直なのだ、と答えている。また葉公は、孔子のことを子路にたずねたが、子路は返事をしなかった〔述而〕。この師弟には、葉公は心にそぐわぬ男であったのであろう。白公の乱が失敗して殺されると、葉公は子西のあとをついで、楚の令尹となった。

孔子と葉公との、このような対立的な関係から、葉公の対立者白公を、孔子側とみる見解が生まれたのであろう。もし孔子と白公との間に何らかの脈絡があるとすれば、それは白公のもとで、無類の武侠を示した石乞であろう。白公の死所を秘して言わず、烹殺されたが、その武侠は子路に似たところがある。

孔子が白公と、どの程度の関係があったか、またその乱が、孔子が魯に帰ってすでに五年を経たその没年であることからいえば、郭氏のあげるこの資料はきわめて不確かなものである。その上、それが奴隷解放のために戦われたという証左は、何もない。孔子の学説は、礼教・名分・徳治を重んずることを主としている。孔子の改革は、それを実現するための手段にすぎない。孔子の思想は、奴隷解放というような社会変革とは、容易に結びつくものではない。

思想の性格からいえば、尚同・尚賢を説き、節葬・節用・非楽を主張した墨子の方が、むしろ非伝統的であり、反体制的であり、ときには唯物的でさえある。百工集団の思想運動であるから、その結社性と敢為な行動力において、はるかに儒家にまさるものがある。『墨子』にはしばしば「農と工肆の人」〔尚賢上〕を挙用せよという主張がみえるが、孔子は農工のことにはほとんど何らの関心をも示さなかった。弟子の樊遅が農稼のことを問うと、孔子はいくらか不機嫌に、「吾は老農に如かず」〔子路〕といって答えようともせず、人に向って樊遅のことを「小人なるかな」と罵っている。郭氏の孔墨批判では、墨家は救いがたい反動家ということになっているが、この批判は必ずしも的確でない。ことに孔子を奴隷解放の旗手にしたてるにしても、そもそも奴隷制が中国の古代に存在したか、もし存在したとしてもどのような形で存在したのか、まだほとんど証明されていない問題である。

古代の先進的な地域に、しばしば壮大な規模をもつ古代王朝が建設された。その巨大なエネルギーからみても、そこに他種族の征服支配による、奴隷的形態のものがあったであろうことは、容易に推測される。しかしその地域は、またおおむね温暖な地帯に限られている。かつ経済的条件の上にも限定があり、高い収奪率をあげうること、奴隷生産物の商品化が容易であること、周辺に奴隷源としての異種族をもつことなどが必要である。奴隷はおおむね、異民族であった。

古代殷王朝には、ほとんどそういう条件はなかった。異族は祭祀の犠牲とされたが、生産奴隷として使用された形跡はほとんどない。支配は主として、氏族を通じて行なわれた。氏族が、基礎社会を構成している。『左伝』の定公四年に、殷周革命後の、殷民のとり扱いがしるされている。周公の子伯禽を魯に封ずるとき、例の陽虎が亡命のとき竊み出したという宝玉大弓や、祝宗卜史とともに、条氏・徐氏・蕭氏などの、殷民六族が与えられた。また衛に康叔を封ずるときにも、車旗の類とともに、陶氏・施氏などの、殷民七族が与えられている。山西に入った唐叔に与えられたものも、懐姓九宗であった。いずれも氏族を単位としている。そのうちには、職能的な氏族をも含んでいたであろう。

これらの諸族は、「その宗氏を帥い、その分族を輯め、その類醜（従属者）を将いて」、すなわちその氏族秩序のままで、移された。そして「啓くに商政を以てし、疆すに周索を以てす」、すなわち殷の慣行をそのまま氏族内部に適用し、周の支配原則によって外からこれを統治する。いわゆる総体的支配ともいうべき体制である。このような支配形態が、やがて氏族内部の自律性を弱め、その解体を進めてゆくであろうことは明らかである。しかしかれらはなお、奴隷ではない。

革命や戦争などによって、一時的に奴隷的なものが大量に発生することがある。周初の金文である「宜侯夨𣪘」は、宜侯を封建することをしるしたものであるが、千数百人の人鬲とよばれる不自由民が賜与されている。百五十人に一人の割合で管理者がつけられているが、それは鄭伯とよばれており、おそらく鄭から移されたものであろう。大盂鼎にも、二千人に近い人鬲が与えられているが、かれらは「千又五十夫」のようによばれる。「臣五家」などとちがって、家族をもたぬ奴隷である。しかしこれ以後、この種の記載はみえない。一時的な発生であったとみるべきであろう。

春秋期の列国が史上に姿をあらわしたとき、かれらはすでに、領土国家としての発展を示していたが、その後にも、わずかに残された古い氏族国家は相ついで征服・兼併を受け、県・邑として直領化された。春秋中期の斉の鮑氏が作った鐘には、二百九十九邑とその民人都鄙が与えられたことをしるし、また叔夷鐘によると、県三百が与えられている。楚や晋でも、直領化が進んだ。

しかしこのような直領化は、必ずしも古い居住者の奴隷化を意味するものではなかった。居住者を他に強制移住して、新地を開拓させることもあったが、一般的には管理者を派遣する方法がとられた。春秋初期のことであるが、斉が遂を滅ぼし、管理のため軍を派遣した〔左伝、荘十三年〕。その十七年夏、遂の旧族である因氏・領氏・工婁氏・須遂氏の四家が、この管理者たちに振舞い酒を飲ませ、斉人を皆殺しにして支配に反抗した。叛乱はその地の、古い氏族によって行なわれている。領土国家的発展は、必ずしも支配地の奴隷化を意味するものではなかった。

郭氏の奴隷制説と並んで、春秋期を都市国家の時代とする考え方がある。わが国にも、その説をとる人が多い。当時の支配者は、武装した城邑に居り、貴族は祭祀共同体として、おおむね合議制をとっている。しかし都市国家は、社会史的な理解としては、奴隷制と極めて親近の関係にある。都市国家といえば、奴隷制の存在を予想させるおそれがある。また国家規模の上からも、晋・斉・楚などを、都市国家という概念の中に包みうるかどうか、はなはだ疑問である。

斉では、さきに述べたように、二百九十九邑、また三百県に上る賜与が行なわれている。本領と合わせると、その私邑は広大な領域にわたっていよう。また晋の有力な氏族の領邑は、汾水の全流域に及んでおり、さらに河内・河北にわたるものがある。晋がその強盛を誇った時期の領土は、ほとんどギリシャの本土全体に匹敵するほどであった。

奴隷制説、またそれと表裏の関係にある都市国家説が、必ずしも当時の実態に即するものでないとすれば、孔子の反体制的な運動は何に向けられていたのであろうか。それは当時の叛乱者の行動をみれば、おのずから理解されよう。『春秋』の昭三十一年に、「冬、黒肱、濫を以て來り奔る」という記載がある。魯の隣国である邾の黒肱が、濫に拠って邾に叛き、その支配地ぐるみで魯に亡命したのである。『左伝』にはそのことを論じて、「地を以て叛くときは、賤しと雖も必ず地を書して、その人を名いふ。……作して義ならざれば、それ書して盗と爲す」といい、また「邑を竊み君に叛く」ような行為をすると、「貪冒の民、まさに力をおかんとす」とも述べている。これを逆にいえば、叛乱は住民の同意のもとに行なわれたのである。魯にはこれよりさき、邾の庶其が漆閭丘の地に拠って亡命し〔襄二十一年〕、また莒の牟夷が、牟婁、防茲の二地とともに魯に奔っている〔昭五年〕。いずれも国外への亡命者であった。

また国内にあって、政権を争うために謀叛が起されることも多い。陽虎が叛いたときにも、斉との国境に近い讙・陽関の地を取り、これによって叛いたのであった。公山弗擾が季氏の邑である費に拠り、また仏肸が中牟によって叛いたように、邑宰として支配する地に拠って叛くこともある。かれらの叛乱は、いずれも政治的理由によるものであり、社会的目的をもつものではない。しかも孔子は、公山弗擾や仏肸の叛乱には、進んで参加しようとした。これらも、奴隷解放のためでないことは明らかである。

鄆や莒の大夫の亡命は、群小国家の自壊現象とみてよいものであるが、陽虎や仏肸の叛乱は、政治闘争の性格をもっている。そしていずれも、陪臣であることが注意される。かれらは世襲貴族による支配に反抗し、これを打倒することによって、新しい政治の形態を企図した。少なくとも孔子は、そういう期待をもって、公山弗擾や仏肸の挙を支援しようとしたのであろう。孔子は晩年、季氏の宰となった門人冉求の斡旋によって、永い亡命生活から帰参がかなったのである。しかし冉求が、「季氏は周公よりも富めり」〔先進〕という状態であるにもかかわらず、なお聚斂附益をつづけるのをみて、「わが徒に非ざるなり、小子、鼓を鳴らしてこれを攻めて可なり」〔同〕という、はげしい怒りを示した。孔子が最も攻撃を加えようとしたのは、このような世族政治に対してであった。

孔子を奴隷解放者とする試みは、必ずしも成功であったとはいえない。それは社会史的にみても実証が困難であるばかりでなく、孔子教団の性格、その思想の中心的な課題からも逸脱したものである。歴史的研究が、今日の課題から出発することはもとより尊重すべき態度であるが、それは歴史的なものを、今日に奉仕させるという方向であってはならない。それは歴史をけがし、古人を冒瀆するものであるといえよう。歴史的研究は、いわば追体験の方法である。追体験することによって、過去ははじめて過去となり、歴史となる。すなわち歴史としての意味をもちうるのである。しかしそのような追体験は、あくまでも個人的な、また主体的な営みを通じて、行なわれなければならない。その追体験の場をもつために、われわれは歴史学の方法をとるのである。

孔子教団

孔子の教団が、いつごろから形成されてきたのかは、明らかでない。孔子の名が世にあらわれたのは、陽虎や公山弗擾が、季氏への叛乱を企てたころからであろう。陽虎の失脚後、子路が季氏の宰となっていることからいえば、子路は当時、すでに季氏につかえていたのかも知れない。孔子が弗擾の招きに応じようとしたとき、子路が強硬に反対したのも、そのためであろう。陽虎専権のとき、孔子は四十八歳であった。陽虎が孔子の招聘に熱心であったのは、その教団がすでに形成され、注目されていたからであろう。

しかしこの当時の弟子としては、子路や漆雕開(しっちょうかい)などしか知られていない。顔回は、まだ二十歳にも達していない年齢である。孔子の教団は、子路や漆雕開の参加によって、ようやくその面目を改める。二人とも、武侠をもって知られる人である。その生きかたからすれば、いわゆる群不逞の徒に属する。孔子の教団が、この群不逞の徒を加えることによって有力となったとすれば、初期教団の性格は、晩年のそれとはかなり異質のものであったであろう。孔門の最長老である子路は、『論語』の中では十分な尊敬を受けていない。また子路についての記述は四十条近くもあるが、「有子曰く」「曾子曰く」のように、かれの語として伝えられるものが一条もない。しかも有子や曾子の名があらわれるのは、すべて語録体のものである。

子路はもと、武侠の徒であった。雄鶏の羽を飾り、長剣を佩び、孔子を凌辱しようとしたことさえあった。卞の人であるというから、早く郷里を棄てた男である。『孔子家語』は後世の書であるが、「子路初見篇」にその入門のときのことが書かれている。「汝、何をか好む」という孔子の問いに「長剣を好む」と答え、孔子が学をすすめると「學あに益あらんや」といい、「南山に竹あり。揉めずしておのづから直く、斬りてこれを用ふれば犀革に達す」とうそぶいている。孔子は「括りてこれに羽つけ、鏃してこれを礪かば、その入ることまた深からずや」と教えると、率直な子路は、「敬しんで教を受けん」といって入門した。

『荘子』「盗跖篇」に、盗跖が孔子を非難する寓言のうちに、「子、甘辭を以て子路に説き、これに従はしむ。子路をしてその危き冠を去り、その長剣を解き、教を子に受けしむ。天下皆曰く、孔丘よく暴を止め、非を禁ずと」としるしているが、寓言にもせよ、子路が孔門に入ったというのは、やはりかなり評価される事柄であったにちがいない。まもなく季氏の宰となるような人物であるから、孔門はにわかに重きを加えたであろう。

漆雕開のことは、よく知られない。魯の人〔史記・列伝〕とも、蔡の人〔孔子家語〕ともいわれる。のちの儒家に漆雕氏の儒とよばれる一派があって、また武侠をもって聞こえた。『論語』に、孔子が漆雕開に仕官をすすめると、「われはこれをいまだ信ずること能はず」〔公冶長〕とこたえ、孔子はその答えに満足されたとしるしている。もともと孔門に学ぶものは、仕官のために来ているのである。孔門は純粋な修養団体ではない。だから漆雕氏が仕えなかったのは、「行なうて直なれば、諸侯にも怒る。世主、以て廉と為す」〔韓非子・顕学〕といわれる漆雕の儒の立場なのであろう。儒家にそういう武侠に近い一面があったことは、『孟子』〔公孫丑上〕の不動心の章に北宮黝・孟施舎・曾子の勇をあげており、そのうち「膚撓まず、目まじろがず」「嚴かる諸侯なし」と評されている北宮黝の勇は、『韓非子』にいう漆雕氏の儒と全く同じである。初期の孔門にこういう武侠の徒が多いのは、教団の母胎となった集団の性格に由るところがあろう。

この二人が参加するまでの孔子の消息は、正確にはほとんど知られていない。母の顔氏が没したのは、おそらく孔子が二十四、五歳のことであろう。防の地に父母を合葬したときのことが『礼記』〔檀弓上〕にしるされているが、その文によると、孔子はすでに門人を従えている。そのとき、孔子はみずから、「今、丘や東西南北の人なり」と述べているから、各地を巡歴する生活であったらしい。おそらく各地の喪葬のことなどに従って、生活していたのであろう。門人といっても、その徒である。『墨子』「非儒篇」に、「富人に喪あるときは、乃ち大いに説喜して曰く、これ衣食の端なり」というのは、のちの儒家の一面を述べたものであろうが、儒家はもとそういう出身のものであった。孔子も「われ少きとき賤しかりき」〔子罕〕といい、高弟の冉雍のごときも、「父は賤人なり」〔史記・列伝〕としるされている。冉有も冉耕も、その族人である。

孔子はそのような巡歴の間に、古礼古俗を問い、典籍を求め、その知見を博めていったようである。孔子の二十七歳のとき、魯の附庸国である郯子が魯に来朝した。その国は古い神話の伝承をもち、官制もすべて鳥の名で名づけられている。鳳鳥氏は歴正、祝鳩氏は司徒、爽鳩氏は司寇というように、鳥トーテムを思わせるような古俗をもつ国であった。孔子は郯子についてその古伝承を問い、「天子、官を失ひ、官の學、四夷に在りといふは、なほ信なり」〔左伝、昭十七年〕と感歎した。こうして古今の礼楽についての歴史的な把握を、孔子は確かめていったのであろう。歴史的な理解がなくては、学問の体系は生まれない。そして四十歳のころには、「四十にして惑はず」〔為政〕という確信をもつに至った。「十有五にして學に志し」てより以来、師儒として立つべき時期が来たのである。

孔子の学は、主として実修であった。いわゆる礼・楽・射・御・書・数の六芸である。巫史などの伝えるところを、学問的に整理し、その理論化をはかることが初期の儒家のしごとであった。孔子の師承については、『史記』〔弟子列伝〕に、周の老子、衛の蘧伯玉、斉の晏平仲、楚の老萊子、鄭の子産、魯の孟公綽をあげているが、一も信ずべきものはない。孟公綽の名は、『論語』〔憲問〕に二見する。子路が孔子に、ひとかどの人物にはどんな人があるかと尋ねると、孔子は「臧武仲の知、公綽の不欲、卞荘子の勇、冉求の藝の若し。これを文るに禮樂を以てせば、また以て成人たるべし」と告げている。冉求をこれらの諸人と列しているのは、おそらく孔門初期のことであろう。冉求は『史記』「列伝」に「孔子より少きこと二十九歳」とみえるが、『論語』の文では子路と並んでよばれること七回に及び、年輩も子路に近かったであろう。子路は孔子より九歳年少である。冉求の芸については、『論語』には記載がない。子路は卞の人であるから、卞の大夫である卞荘子の勇を学んだものと思われる。

知・不欲・勇・芸はそれぞれ美徳であるが、礼楽をもって文ることによって完成するというのが、当時の孔子の考えである。すると子路は、「利を見ては義を思ひ、危きを見ては命を授ける」、それも成人ではないかという。子路の応対にはいつもこういうところがあるが、あるいは冉求の芸をあげて、自分の勇には無関心を示す孔子に対する一種の反抗であるかも知れない。

孔門の初期の教学が、礼楽のような実践的傾向の強いものであったことは、たとえば四科十哲〔先進〕において、徳行・言語・文学には晩年の弟子が多く、政事には冉有・季路の二人があげられていることからも知られる。弟子の出身も雑多なもので、「束脩を行ふより以上」〔述而〕のものは、すべて入門することができた。「夫子の門、何ぞそれ雑なるや」〔荀子・法行〕という批判もあったが、後になっても孔門には、各地の亡命者や賤人といわれるものが多い。官途を求めようとする不安定な身分のものが、その門に学んだ。

官途を求めるには、やはり権門に近づかねばならない。魯の三家のうちでは、季氏が最も権力があり、子路が出仕するようになってからは、特に親近の関係にあった。孟孫氏からは尊敬を受け、その子弟を託されるほどであったが、叔孫氏には好感をもたれていなかったようである。

当時、陽虎は季氏の宰として勢威があり、多数の門人を擁する孔子は、陽虎にはかなり目障りな存在であった。いわば競争者としての意識がある。それで孔子が陽虎の招聘を卻け、陽虎が三家を圧して専制を樹立すると、孔子は一時斉に逃れた。『墨子』や『晏子春秋』によると、孔子はさかんに斉で仕官の運動をしていたという。仕官に失敗して、実力者田氏の門に呪詛を加えて去ったと『墨子』「非儒篇」にはしるしているが、『論語』〔述而〕では、古楽を聞いて、三月も肉の味を忘れるほど、音楽に熱中していたことになっている。

陽虎が失脚して斉に亡命すると、孔子はすれちがいに帰国した。子路が季氏の宰となり、孔子は陽虎に代る地位に立つ。孔子は司寇として定公の側近にあったというから、三家の私邑の武装解除をするという政策は、孔子の立案したものであろう。しかしその強行策は失敗して、孔子は永い亡命の旅に上った。教団としては、大きな発展が約束されているときに、たちまち挫折したのである。

この挫折は、しかし孔子にとって、むしろ幸したのではないかと、私は思う。この教団が仕官の道に連なるというので、各地から入門者が相ついだ。もとより禄秩のない、いわば群不逞の徒に近い者が多い。このままでは、今の大学のように、地方から若者を集めて、それを大都市に吐き出す集塵器に近い機関と化してしまうであろう。孔子は少数の門弟を伴って、亡命する。もはや集塵器となるおそれはない。そこでは死生の間にあって、生命をも賭した教学の実践化・純粋化が行なわれる。現実の場から離れ、絶対の場に立つ者のみがもちうる、理想態への追求が可能となる。孔子が、思想的な指導者として立ちうる条件は、むしろこのことによって、はじめて用意されたといえよう。

孔子はまず第一の亡命先を、衛に定めた。教団の内部の関係から、何らかの連絡をとりえたのであろう。また「魯衛の政は兄弟なり」〔子路〕という、親近感もあったのかも知れない。衛の国境に近い儀の邑で、関守が会見を申し出た。「ここに来られる君子には、必ずお会いしている」という口上であった。会見後、この関守は、門人たちに、「天は夫子を、警世者として遣わされたのであろう」〔八佾〕と感歎の語をもらした。力を落している門人たちに引きかえて、孔子の志は軒昂たるものがあったのであろう。

衛では霊公が一応の礼遇を与えてくれたが、実政に参与する機会はなかった。孔文子が外交、祝鮀(しゅくだ)が祭祀関係、王孫賈が軍事を治めている。霊公は無道な人であったが、国政に破綻はなかった。孔文子は、陪臣である自分の臣を、同じ地位の卿に推挙した。孔子はそれを、「文」と諡(おくりな)するに値することだと賞讃している〔憲問〕。祝鮀は弁才があり〔雍也〕、公子荊も人物であった〔子路〕。衛は孔子にとって、希望を託しうる国であった。人民も多く、これを富ませ、教えれば、理想の実現も可能なように思われた〔子路〕。しかし継嗣問題などもあり、亡命者に対する警戒は強かった。王孫賈が、「奥(主神)に媚びんよりは、むしろ竈(そう)(炊事の神)に媚びよ」という諺を引いて、将を射るには馬を射よと誘いをかけてきたが、孔子は「然らず、罪を天に獲ば、禱るところ無きなり」〔八佾〕と答えて応じなかった。

衛に五年近くも滞留しているうち、一度だけ、声をかけられたことがある。霊公が没し、孫の出公輒(ちょう)が継嗣となったときである。「子路曰く、衞君、子を待ちて政を爲さんとす。子まさに奚(いづれ)をか先にせんとす」。ようやくめぐってきた機会に、子路の声もはずむようである。すると孔子は、「必ずや名を正さんか」と答えた。出公は孫であるのに、霊公を父として祀る儀礼をとったので、それを非難したのであった。これでは早速の機会を放棄するのにひとしい。「これあるかな、子の迂なるや」〔子路〕、現実離れした師の答えに、子路は思わずあきれた声を出す。しかし孔子は、循々と名を正すことの重要性を説いてやまない。「政事には子路」といわれる実際家の子路と、その師の間には、ことに臨む態度の上に、大きな距離があった。

まもなく、晋に亡命していた陽虎が、宋に亡命中の衛の太子を奉じて潜入し、孔子は倉皇として南方に逃れる。宋に囲まれて一行が危険にさらされるのも、衛の継嗣問題の余波である。さらに陳蔡に漂泊し、楚に難を避けようとするが、楚の葉公はこの一行を受け容れそうにない。楚狂接輿(しょうよ)の、「鳳や鳳や、何ぞ徳の衰へたる」〔微子〕という諷刺の声を耳にしながら、やむなく北に引きかえす途中で、孔子は魯からの召還を受ける。先に魯に帰って、季氏の宰となっていた冉有の奔走によるものであった。

ここでわれわれは、この十四年にわたる亡命生活の意味を考えなくてはならない。この亡命が、孔子にとって何を意味したのか、孔子教団にどのような変革をもたらしたのか、ということである。教団といっても、孔子に随行したものは、少数の人々であった。『論語』にみえる限りでは、子路・冉有・顔回・子貢の四人のみである。しかも冉有・子貢の二人は、亡命中にこの一行から離脱している。衛の地には久しく滞在したので、その地の弟子もあり、中には出仕したものもいるが、孔子と終始その行をともにしたものは、これらの高弟を中心とする、若干の門人たちであった。かれらはしばしば生命の危険にもさらされる中を、孔子と苦難をともにした。そういう極限的な状況の中で、初期集団のそれとは異なるものが生まれてくるのは、当然である。

　人は所与の世界に生きるものであるが、所与はその圏外に去ることによって変りうるものである。また同時に、主体としての所与への関与のしかたによっても、変りうる。むしろ厳密にいえば、所与を規定するものは、主体そのものに外ならないともいえよう。殊に亡命生活のような、体制の圏外にある場合に、主体はむしろその自由を回復する。体制の中では反体制としてのみ措定される可能性が、ここでは自由である。可能性は限りなく高められ、純粋化される。孔子が周公を夢にみることができたのは、おそらくそのときにおいてであろう。所与の限界性を破りうるものは、天であった。孔子が天命を自覚したというのも、おそらくそのときであろう。「五十にして天命を知る」〔為政〕ということばは、必ずしも年齢的な限定をもつものでない。また郭氏はそれを、奴隷解放者としての自覚をいう〔十批判書、訳一五七頁〕とされたが、私はやはり「斯文」〔子罕〕への自覚であったと思う。現実の枠の中で反体制者として出発した孔子は、ここにその現実を超える。孔子の亡命生活は、孔子をその反体制的な呪縛から解放したのであった。

　このような立場においては、可能性は無限であった。孔子のそういう内面的な変化を、俊敏な弟子たちが感受しないはずはなかった。孔子はやむことのない自己追求に身を投じている。それに従うことは、弟子たちには容易なことでなかった。ついに冉有が悲鳴をあげていう。「子の道を説（よろこ）ばざるに非ず。力足らざるなり」。孔子ははげしくこれを叱責する。「力足らずとする者は、中道にして廢す。今、女は畫れり」〔雍也〕。可能性をみずから限定してはならない。「今、女は畫れり」ということばのうちに、私は孔子の、はげしい自己追求の姿をみるのである。

顔回はさすがに俊英であった。かれはこのような孔子の姿を、追跡してやまない。

顔淵、喟然として歎じて曰く、これを仰げばいよいよ高く、これを鑽ればいよいよ堅し。これを瞻れば前に在り。これを忽るれば後に在り。夫子、循々然として、善く人を誘ふ。我を博むるに文を以てし、我を約するに禮を以てす。罷めんと欲するも能はず。既に吾が才を竭せり。立つところありて卓爾たるが如し。これに從はんと欲すと雖も、由なきのみ。〔子罕〕

孔子はすでに、顔回の視野にとらえがたい人であった。しかし顔回は、必死に追跡する。孔子の姿をみすえ、それに追いすがろうとする。孔子も、その努力を認めている。「これに語りて惰らざるものは、それ回なるか」〔子罕〕、「惜しいかな。吾れその進むを見るも、未だその止まるを見ざるなり」〔同〕。必死に追いすがろうとする顔回の姿は、孔子には好ましく、また頼もしくもみえたであろう。顔回は、孔子が道をもって許したただ一人の弟子であった。おそらく、孔子のいう仁を理解しえたのも、彼のみであろう。後年、魯にかえって顔回を失ったとき、孔子は「ああ、天、予を喪ぼせり。天、予を喪ぼせり」〔先進〕と長歎した。顔回はすでに、孔子の分身であった。

子貢は、「言語には宰我・子貢」〔先進〕といわれる人であったから、顔回のような実践派ではなかった。しかし孔子の偉大さを、かれはその目でみているのである。後に、孔子を非難した人に向って、「他人の賢者は丘陵なり。なほ踰ゆべきなり。仲尼は日月なり。得て踰ゆるなし」といい、「人が日月の光を無視しようとしても、日月は依然として空に輝くものです」〔子張〕と答えている。

思えば、この亡命ということも、また天命であったのかも知れない。孔子は、この亡命によって、人間としての可能性を窮める機会をえたのである。もし孔子が、魯国の一政治家としてその地位を保ちえたならば、あるいは鄭の子産、斉の晏子のような、賢人政治家としての名を残すことはできたであろう。しかし、周公を夢にみることは、はたしてできたであろうか。斯文をもってみずから任ずることは、はたしてできたであろうか。もっとも孔子は、この亡命中を、「夢と影」の中でくらした。理想と現実との相克の中に身をおいたが、しかしすべてのものは、そのようなきびしい矛盾の克服を通じてのみ、成就しうるのである。

巻懐の人

亡命は孔子を大成させた。その人格と思想は、この亡命生活を通じて、実践的に獲得されたものである。それは端的には、「天命を知る」〔為政〕ということばに集約される。「予、言ふことなからんと欲す」〔陽貨〕というのも、すべてを大理法のままに随順しようとするものであろう。理法は言を超えたところにある。

孔子が、継嗣問題に関連して衛を去ったのは、その六十歳ごろのことであろう。『論語』〔憲問〕によると、衛の賢人として聞こえた蘧伯玉（きょはくぎょく）が、孔子に使者をよこしたことがしるされている。蘧伯玉は、『左伝』にみえる経歴からいうと、孔子より五十歳ほども年長であると思われ、実際にこのことがあったのかどうか疑問であるが、しかし孔子が、この蘧伯玉に深い関心を寄せていたことは、他の条の記載によっても知られるのである。「衛霊公篇」に、孔子が蘧伯玉を評して、「君子なるかな、蘧伯玉。邦に道あるときは則ち仕へ、邦に道無きときは、則ち巻きてこれを懐（をさ）むべし」といった語を録する。巻懐ということは、それまでの孔子にはみられないことであった。孔子の回心には、この蘧伯玉の生きかたが、はたらいていたかも知れない。

また「述而篇」に、その時期は知られないが、孔子と顔回・子路との問答がしるされている。

> 子、顔淵に謂ひて曰く、これを用ふれば則ち行ひ、これを舎（お）けば則ち蔵（かく）るるは、ただ我と爾とこれあるかな。

顔回に、その行蔵を師と同じゅうするということを許しているのであるから、これはおそらく、その亡命生活も終りに近いころのことであろう。このことばは、さきに蘧伯玉に対して孔子が加えた批評と、同じ趣旨である。

　このとき子路は、また早速、自分に対する師の評価を確かめたいと思って問う。「子、三軍を行らば、則ち誰と与にせん」。もとより、自分の名があげられることを期待してのことである。しかし孔子は、優しいことばをかけなかった。「暴虎馮河、死して悔ゆることなき者には、我与せざるなり。必ずや、事に臨んで懼れ、謀を好みて成さん者なり」。この孔子にとって最も忠実な従者は、いつも気の毒な引立役にばかりまわされている。

　蘧伯玉のことは、『荘子』に散見する。「則陽篇」に、「蘧伯玉は、行年六十にして、六十たび化す」とあり、六十にして五十九年の非を知るとされた人である。「寓言篇」にはこれを孔子のこととしているが、五十九年の非を知るという語は、『淮南子』に蘧伯玉のこととしてしばしばみえているから、孔子とするのはやはり誤伝であろう。『荘子』の「人間世篇」には、蘧伯玉を得道の人とする長篇の文章があり、蘧伯玉と顔闔との問答という形をとっている。またその篇には、孔子と顔回、孔子と葉公、孔子と楚狂の話などを載せる。荘周は儒学に精しかったとされるが、その学はあるいは顔氏の儒から出ているかも知れない。おそらく孔子亡命中の学が、その地に伝えられたのであろう。

『論語』の巻頭「学而篇」の第一章は、一般に、孔子教団の綱領を示したものと解されている。

學んで時にこれを習ふ。また説ばしからずや。朋、遠方より來るあり。また樂しからずや。人知らざるも慍みず。また君子ならずや。

全体が同じ語法をもって、整えられている。「學ぶ」という語の目的語をつけていないが、「習ふ」とは礼を習うことを意味する。孔子は宋における災厄のときにも、弟子と大樹の下で礼を習っていたのである。また朋友が道をもって会し、遠方から来るということは、日常のことではないから、この場合の「あり」とは限定の意である。孔門諸人の出身と年齢からいって、遠方からも人が訪れるようになったのは、孔子晩年のことであろう。殊に末章は、巻懐のことをいう。このような綱領は、決して体制批判から出発した初期教団の性格を示すものではない。むしろ晩年期の教団の姿を示すものであろう。この「学而篇」には、孔子最晩年の弟子たちの語録が中心をなしている。

孔子は六十九歳にして、ようやく故国の土をふんだ。「危邦には入らず。亂邦には居らず。天下道あるときは則ち見はれ、道なきときは則ち隱る」〔泰伯〕という、その隠れるときがきたようである。いうならば、はじめから道なき世であった。どの国も危邦であり、乱邦であった。「道の行なはれざるは、我これを知れり」〔礼記・中庸〕、「道はそれ行なはれざるかな」〔同〕という絶望をもちながらも、孔子は彷徨をつづけたのである。

　帰国して早々に、留守中の教団を世話していた子の伯魚を失い、愛弟子の顔回を失い、その上孔子も大病を患った。孔子はすっかり老いこんだようである。周公も夢にあらわれぬようになった。孔子は『詩』や『礼』『楽』の整理をいそいだ。「われ衞より魯に反りて、しかるのち樂正しく、雅頌各々その所を得たり」〔子罕〕というのは、その成果の一である。求めえた文化の伝統を、具体的な形で後世に残そうとしたのであろう。そ『論語』には、知足安分、天命を楽しみ、貧賤に安んずる生活を説くことばが多い。それで儒教は、本来個人主義の立場に立つものだという人もある。しかしそれは、初期教団のあり方からいっても、本来の性格ではない。孔子が巻懐の心をもつようになったのは、衛で蘧伯玉の遺風に接してからのことである。陳蔡の戹に「わが道非なるか」という懐疑を発するまで、孔子は「東周を爲す」〔陽貨〕ことを、理想としていたのである。

　晩年の孔子は、道を楽しんで疑うことのない生活であった。「六十にして耳順ふ」といい、「七十にして心の欲する所に従うて矩を踰えず」〔為政〕という自在の境地に達したが、それは主客を超えた世界である。そこには隠居の楽しみがあった。

　疏食を飯らひ、水を飲み、肱を曲げてこれを枕とす。樂しみもまたその中に在り。不義にして富み且つ貴きは、我において浮雲の如し。〔述而〕

子貢曰く、貧にして諂ふことなく、富みて驕ることなきはいかんと。子曰く、可な

り。いまだ貧にして樂しみ、富みて禮を好むものに若かざるなり。〔学而〕

隠居して以てその志を求め、義を行ひて以てその道を達す。われはその語を聞けども、いまだその人を見ず。〔季氏〕

ここには、隠居楽志の至境が謳歌されている。世事は浮雲のごとく、あるものはただ主体的な生活者としての自我のみである。それは陋巷に居り、赤貧の中にあって、はじめてえられる。富と権力とを拒否するところにのみ、その喜びがある。もしその至境をおかすものがあれば、また大踏歩してこれを去るのみである。

子、九夷に居らんと欲す。あるひと曰く、陋なり、これをいかんせんと。子曰く、君子これに居らば、何の陋かこれあらん。〔子罕〕

今や、所与と主体とは転換する。体制は完全に拒否される。君子の居るところこそ仁である。中原の混乱と腐敗を思えば、辺裔の地にこそかえって至純の生活があろう。闘争の場は君子の住む世界ではない。そこでは純粋な自己を保つことができない。「道行なはれずんば、桴（いかだ）に乗じて海に浮かばん」〔公冶長〕とさえいう。そこには、かつて体制を非とした改革者のはげしい姿はみえない。斯文を自負する人の姿もない。しかし実は、そこにこそ、より主体的な立場がある。このような境地を理解しうるものは、孔門のうちでもおそらく顔回だけであろう。亡命者の体験をもつもののみが、それを知りうるのである。

他の多くの高弟たちは、それぞれ禄仕を求めて官途につき、相ついで去っていった。「我に陳蔡に従ふ者は、みな門に及ばざるなり」〔先進〕と孔子は歎じているが、しかし真に精神的な共同体としての孔子教団は、顔回の死とともに、事実上滅んだといってよい。「天、予を喪ぼせり」と孔子は慟哭したが、滅んだのはその教団であり、教団の指導理念であった。

孔子が没したとき、弟子たちは三年の喪に服した。それは孔子の伝記資料、言行の記録や整理に、十分な時間であったはずである。しかし実際には、それらのことがなされた形跡はない。『論語』の最も古い部分といえども、孫弟子以下の記録である。孔子の教団は、おそらくすでに存在しなかったのであろう。その精神の継承者と目される顔回は、孔子より先に世を去ったのである。

孔子の没後、弟子たちは四散し、流派的にも分裂した。儒学の正統をもって任じた孟子さえも、「われはいまだ孔子の徒たるをえず」〔離婁下〕と、私淑に甘んずる意を述べている。流派のことは複雑であったらしい。ただ孔子に最も時期的に近い墨子学派の「非儒篇」に、孔門のうち名をあげて攻撃を加えているのは、初期の門人である子路と漆雕開とである。

子路は衛の難に死んだ武侠である。漆雕は刑残を受けたとされているが、その事実は知られない。『漢書』「芸文志」に『漆雕子十三篇』が著録されており、有力な一派であったとみられる。さきにもふれたように、『孟子』〔公孫丑上〕にいう北宮黝は、『韓非子』〔顕学〕にいう漆雕氏の勇とはなはだ似ている。『論語』〔公冶長〕に、漆雕開が孔子の仕官の勧めを辞した話がみえるが、あるいはかれも儒俠の徒であったのであろう。『史記』の「遊俠列伝」には、原憲が遊俠の士として登場する。原憲は孔子の家宰となった〔雍也〕こともある人物で、顔・原と併称される人であるが、「邦に道なきとき、穀〔仕官〕することは恥なり」〔憲問〕という師の教を守って、孔子の没後には草沢のうちにのがれ、ひどい貧賤の生活をしていたことが、『史記』の「弟子列伝」にみえる。また「遊俠列伝」には「季次・原憲のごときに及んでは、閭巷の人なり。讀書して獨行君子の德を懷き、義として苟くも當世に合ふことを求めず、當世もまたこれを笑ふ。故に季次・原憲は終身空室蓬戸、褐衣疏食して厭はず、死してすでに四百年、弟子これをしるして倦まず」という。そこに儒家の伝統の一つがある。また長文の論賛を付して、高祖と同時に魯に朱家なるものあり、魯人みな儒をもって教え、朱家は俠をもって聞こえたが、その家に身を寄せている豪士は百をもって数えたという。『韓非子』「五蠹篇」に、「儒は文を以て法を亂り、俠は武を以て禁を犯す」と儒俠を並称し、「遊俠列伝」にはその語を篇首に引いている。『韓非子』〔問弁〕にはまた、「儒服帯劍の者衆し」とあるから、当時儒俠の徒が横行していたのであろう。孔門に第一に入門した子路の伝統は、後までも生きつづけている。儒家のいわば外郭に、このような群不逞の徒があることは、社会史的に注目すべき事実であろう。

孔門には狂簡の徒が多かった。孔子は陳にあって「歸らんか」の歎を発したとき、「わが黨の小子狂簡、斐然として章を成すも、これを裁する所以を知らず」〔公冶長〕といった。狂簡の士とは、「進みて取り」、「爲さざるところある」〔子路〕ものとされた。孔子はそのゆえに、深く狂簡の徒を愛した。

孔子は最も「固を疾(にく)」〔憲問〕み、教条主義者を度しがたいものとした。次に郷原(きょうげん)を悪んだ。「郷原は德の賊なり」〔陽貨〕ともいう。郷原とは、見せかけだけの形式主義者である。この種の人間よりは、狂簡の徒の方がはるかに上等である。しかし狂にも古今の別があって、「古の狂や肆(し)、今の狂や蕩」〔陽貨〕という。肆とは自由にして闊達の意であるが、蕩とは自己抑制のないことをいう。孔子の門人をもっていえば、子路のごときは古の狂である。しかし狂簡の徒は、孔子の没後にはその「裁する所以を知らず」、次第に俠に流れた。それは墨子の徒が、のち墨俠となるのと同様である。群不逞の徒は、今や社会の一大風潮となった。孟子は「後車數十乘、從者數百人、以て諸侯に傳食す」〔滕文公下〕といわれたが、その従者たちは、孔子教団中の弟子たちとは、もはや異質のものであろう。

春秋の末期は、古代的な遺制が崩壊して、はげしい流動をみせた時代であった。そこに、旧来の秩序からはみ出た新しい社会階層が生まれた。儒家も墨家も、その中から成立してくる。従ってその思想運動は、教団的な組織、あるいは結社性の強い集団の形態で行なわれた。

孔子教団の性格は、そのような出発からいって、当然反体制的であった。孔子の指導するこの教団は、はじめ現実の場で政治を争った。しかし現実の場で争うことは、また対者と同じ次元に立つことである。その意味では、孔子の亡命は、この教団に新生の機会を与えるものであった。もっともそれは、孔子の偉大な人格、その思索と実践とによって、生死の間にえられたものであるが、その消息を知るものは、顔回など二、三の高弟にすぎない。天命・徳・仁というような儒教の根本思想は、その具体的な実践を通じてのみ、獲得される。これを体験的にとらえることは、実際にはおそらく不可能であろう。「人の知ることなき」〔学而〕世界である。そこに巻懐の道が生まれる。

巻懐とは、所与を超えることである。そこでは、主体が所与を規定する。それは単なる退隠ではなく、敗北ではない。ましてや個人主義的独善ではない。その思想は、やがて荘周によって、深遠な哲理として組織される。儒墨が儒俠・墨俠に堕落してゆくなかで、巻懐者の系譜はまた、思想史的に大きな役割をもつのである。

第四章　儒教の批判者

批判について

批判とは自他を区別することである。それは他者を媒介としてみずからをあらわすことであるが、自他の区別がはじめから明らかである場合、批判という行為は生まれない。批判とは、自他を包む全体のうちにあって、自己を区別することである。それは従って、他を媒介としながら、つねにみずからの批判の根拠を問うことであり、みずからを批判し形成する行為に外ならない。思想はそのようにして形成される。儒家の批判者として生まれた墨家、その墨家の対立者として起った楊朱、またその楊墨の批判者として登場する孟子、それを儒家の正統にあらずとする荀子など、諸子百家とよばれる戦国期の多彩な思想家の活動は、このような批判と再批判とを通じて展開された。

そのような思想の展開の中で、孔子の思想は、多くの場合、批判の対象であり、また再批判の根拠とされた。圏外の思想といわれる荘子の哲学においても、孔子は明らかに媒介的な役割をになっていたと思われる。あるいはむしろ、荘子の思想を巻懐者の系譜の中でとらえることができるとすれば、それは孔子の晩年の思想の、正統な継承であり、展開であったとさえいえよう。この思想的な動乱期において、孔子はすでに偉大な思想家として、ゆるぎない地位を占めていた。おそらく、『論語』もまだ成書として行なわれていない時期のことである。孔子がその没後においても、つねに時代の批判の中にあるということは、その歴史的な役割がなお生きているということであり、その歴史的人格が、さらに成長をつづけているということである。孔子伝は、その言行録の結集として、『論語』が世にあらわれるまで、つづけなければならない。少なくとも『論語』の結集に至るまで、孔子像は書き改められつづけたはずである。

批判は異質の世界に起るものではない。共通する連帯の中にありながら、その立場を異にし、目的を異にするところに、その自己諒解の独自性の主張として生まれるのである。その意味で、墨家がはじめ儒家的な立場から出発したとする伝承は、おそらく正しいであろう。

墨子は、その経歴の明らかでない人である。その活動の時期は、孔子が没したのちの、前五世紀の後半を主とするものであった。その学の起源について、『呂氏春秋』「当染篇」に、墨子の後学によって伝えられたらしい説話を録している。それはかつて、魯の恵公（前七六八〜七二三）が、魯で郊廟の礼を行なうことを天子に請うたところ、周の桓王（前七一九〜六九七）が史角というものを魯に派遣した。史角の子孫はそのまま魯にとどまったが、墨子はその史角の子孫について学んだという。それならば、墨家は史の学から起ったもので、儒家が巫史の学から起ったのと同源である。『漢書』の「芸文志」には、墨家の書として『尹佚』二篇を録している。これは前代の史佚の名に託したものであろうが、『左伝』に「史佚の志」として引くものは、その書と関係があろう。『墨子』の書に、儒家と同じく『詩』『書』を引くことが多いのも、儒家との親近を示す例である。他の学派の書には、『詩』『書』を引くことはほとんどない。

墨子の言行を、その後学が整理したとみられる「耕柱」「貴義」「公孟」「魯問」などの諸篇には、儒家との接触を示す事実が多い。「耕柱篇」にその問答者としてみえる巫馬子は、孔門の巫馬期と関係があるらしい。期の年齢は墨子より五十歳ほども年長であるから、巫馬子はその子孫であろうが、墨子は巫馬子に対して鬼神論を展開しており、他にも数条の問答がある。またその篇には、子夏の徒との問答、孔子と葉公との問答についての批判、公孟子との問答などを収めている。「公孟篇」にも、公孟や程繁と墨子の対論を載せているが、公孟子はそこでは、「章甫の冠を戴き、笏を搢み、儒服して」喪礼や鬼神の問題について論じた。また程繁は、「三弁篇」によると儒墨を兼学した学者のようであるが、墨子はかれに対して、「儒の道、以て天下を喪ふに足るもの四政あり」として、儒が天志・明鬼・節葬・非命の理に通じないことを極論し、程子も「甚だしいかな、先生の儒を毀るや」と顔色を失うほどであったが、墨子はその論点を整理してゆく中で、ときに孔子に対する称賛のことばを惜しまなかった。程子が「非儒を主張するあなたが、なぜ孔子を称揚されるのか」と問うと、墨子は「これその當にして易ふべからざるものあればなり」と答え、孔子のいう先王の道は正しいのだと述べている。初期には、儒墨の折衷的な傾向が強かったのであろう。

これらの諸篇にしるす墨子の言行は、どこまで歴史性のあるものかは知られない。しかしこれを書き伝えた墨家の意識のうちに、かれらが孔子に対して抱いていた畏敬の念ともいうべきものが、流れているように思う。墨家はたしかに、儒家に近いところから出発している。儒墨を成立させた集団の基礎的な体験のうちには、明らかに共通するものがあったはずである。そこには、両者が祝史の学を受け容れたということ以上に、より本質的な類同があった。儒家はすでに述べたように、巫祝の階層から起っている。墨家はおそらく工匠などの、徒隷的な集団を母胎として成立したものであろうと考えられるが、かれらはいずれも社会の下層にある階級である。それが時代の激変にあって、社会の表面に新しい勢力として擡頭してきたのである。ただその集団のあり方は、ながい歴史の伝統のなかで生まれた、異質の体質をもつものであった。

社会的階層として相似た連帯の上にありながらも、生活者としてはちがった体験をもつ。しかも儒家はすでに孔子によってその教学が組織され、新しい思想的活動を開始している。墨家が、このような儒家の批判者として登場してくるのは当然であった。おそらく墨家は、儒家を批判し、儒家との対立を通じて、その教説を整理していったであろう。儒を媒介として、その批判の根拠をみずからのうちに確かめながら、墨家の思想が成立してくる。しかし相似たものほど、最もきびしく区別されなければならない。そのために、その対立点は極端にまで強調される傾向がある。墨家のいわゆる十論、「兼愛」「非攻」「尚賢」「節用」「節葬」「非楽」「尚同」「天志」「非命」「明鬼」は、いずれも儒家を対象とし、これを対立者と意識してのものであり、これをまとめていえば「非儒」の一語に尽きる。これらの十論は、もとそれぞれ上中下、合わせて三十篇あり、いまその七篇を失うているが、墨家思想の中心的な部分をなしている。「非儒」ももと上下二篇あったが、いまは下篇のみを存している。

「非儒篇」には儒家のいう喪制説を非難し、「富人に喪あれば、乃ち大いに説（よろこ）びて曰く、これ衣食の端なり」と儒家が喪祝の集団であるその本質をつき、また孔子の行動を論じては、孔子が孔悝・陽貨・仏肸・白公勝の叛乱を助けたとして攻撃するなど、その反社会性をはげしく論難している。その文はすでに一部を引用しておいた（一二四頁）。また郭氏がその『十批判書』において、儒教は人民解放の時代の流れにそう進歩的な思想であり、それを叛乱者として攻撃する墨家は当時の反動思想であると規定したことも、そのときにふれておいた。しかし郭氏が反動思想とする墨家の思想が、いわばギルド的社会主義思想の古代的な表現であることについては、のちに明らかにしたいと思う。

儒教を奴隷解放運動のイデオロギー的な表現と規定する以上、これと全面的に対立し、これに痛烈な批判を加えた墨子を、その反対側に立たせるほかないであろうが、墨子のいう兼愛・非攻は、儒家のいう身分制的な秩序に対して、むしろ共同体的な秩序を主張したものであったとみられる。しかもその原型は、墨子集団の原質をなすところの、品部的な職能集団の伝統のうちにあった。解放さるべきものは、むしろ墨子集団の基盤のうちにある、その隷属的な身分と意識そのものである。墨子はしばしば、他から賤人〔貴義〕とよばれている。孔子も「われ少(わか)きとき賤しかりき」〔子罕〕と述懐したが、墨子に至っては、氏素性もない徒隷の出身であった。

儒墨はいずれも、当時の下層社会から生まれた思想である。巫祝の徒である儒、工匠の徒である墨、この両者はそれぞれながい忍苦の生活の果てに、いま新しく社会的に発言する機会をもった。その背後には、それぞれのながい伝統がある。その伝統が、両者の思想運動の性格を規定している。宗教的な儀礼の執行を専掌するものと、制作によって社会生活に関与するものとの間に、異なる体質が形成されている。ただその出身関係からいえば、両者は相容れない対立者というよりは、むしろ競争者の立場にあった。いわば系統のちがう労働団体のようなものである。そのゆえに相互の批判が必要であった。社会的な対立者の間では、批判による相互的な摂受という関係はありえないのである。

儒墨の思想は、外見上のはげしさにもかかわらず、基本的にはそれほど異なるものではない。墨家の最大の綱領とする兼愛・非攻についても、そのことがいえよう。兼愛とは「愛に差等なし」〔孟子・滕文公上〕とする主張である。儒家は愛情を、親近なものから次第に拡大してゆくべきものとしたが、それは方法の問題にすぎないといえよう。愛を人間関係の基本におく点では同じである。非攻については、儒家もむしろ戦争については否定的であった。孔子はしばしば叛乱者に関心を寄せたが、それは政治の変革の手段としてであった。晩年に魯に帰隠してから、その没する二年前の哀公十四年〔前四八一〕に、隣国の斉では、亡命者である客卿の陳恒が、その君簡公を弑した。その報を受けた孔子は、沐浴して身を清め、哀公に陳恒の討伐を要請したが、もとより容れられなかった。孔子は退いて「われ大夫の後に従ふを以て、敢て告げずんばあらざるなり」〔憲問〕と弟子たちに語ったという。これは義戦の主張であるが、孔子はその言責をとげるだけで、それ以上の主張はしていない。勇ましい議論を好んだ孟子においても、民が戦いを欲しないときには、王はその国を棄てよ〔梁恵王下〕と、滕の文公に教えている。数百名の機械化部隊を擁して諸侯をおびやかした墨家の集団よりも、はるかに平和主義者であった。

兼愛という主張を、孔子のいう仁に対置する考えかたも、仁についての十分な理解に立つものとはいえない。孔子のいう仁は、もとより「人を愛す」〔顔淵〕という一面もあるが、仁は孔子においては「一日己れに克ち禮に復らば、天下仁に帰す」〔同〕という、人間存在の根拠に関する絶対の自覚をいう語であった。『論語』の中に、仁を規定した語が他に一つもみえないのは、おそらくそれを表現しうる適当な方法がなかったからであろうと思われる。思想の極限のところに、そういうところがあるのであろう。その秘奥に参ずることは、もはや批判の限界をこえる。

墨家は儒家の批判者として起った。批判は同じ次元での、自己分裂の運動とみてよい。それは自他を区別しながら、新しい我を形成する作用であるが、しかし果たして、人は真に自他を区別しうるであろうか。他と自己との全き認識ということはありうるのであろうか。それぞれの思想の根源にある究極のものを理解することは、それと同一化することとなるのではないか。それゆえに批判は、一般に、他者を媒介としながらみずからをあらわすということに終る。それは歴史的認識を目的とするいまの研究者にとっても、いいうることである。

ギルド的集団

墨子の墨という名について、従来多くの見解が出されている。墨刑を施された受刑者、工作のとき用いる墨縄（すみなわ）の意とするもの、また宋の目夷氏の後で、墨とは目夷の約音であるとする説などがある。このうち、墨刑説がよいように思う。儒が巫祝の古称から出ているように、墨とはもと墨刑を受けた徒役者をいう語であろう。西周期の金文や文献に百工の名がみえ、臣妾などと一類とされる不自由民であった。西周後期の金文である師毀𣪘に「汝に命じてわが家を死めしめ、併せて西偏東偏の僕馭・百工・牧・臣妾を司らしむ」という任命がしるされているが、この百工・牧・臣妾は東西の両部に編成されたものであった。また伊𣪘には、「王、令尹封をよびて伊に策命せしむ。併せて、康宮の王の臣妾・百工を官司せよ」と命じているが、これらの百工は康宮とよばれる先王の廟に属する徒隷であった。わが国の古代の品部に近いものであったと考えてよい。

奴隷を童という。「天智紀」などにみえる古代歌謡としての童謡は、かれらの労働歌である。童・妾はいずれももと辛に従う字で、辛は入墨の針であるから、童・妾とは墨の受刑者である。百工も起源的にはそのような受刑者が多く、神の徒隷とされたものである。百工とは器物の制作者であり、生産者をいう。かれらは王宮や貴族に部曲として隷属した。すでに古く殷周期には多くの職能的な氏族があり、それらのうち、総体的な隷属関係において部曲化したものもある。いずれも氏族として、もしくはその擬制的な形態を以て集団をなすものであった。古代の官制をしるした『周礼』の中に、制作者の一群のことをしるす「考工記」が残されているが、冶氏・段氏などの金工をはじめ、氏をそのまま職名とするものが多く、他の諸篇にも、古い儀礼関係のものに氏という例が多い。職能制のなごりとみられるものである。

墨子の学が、このような制作者の集団から起ったものであることは、『墨子』七十一篇、いま存する五十三篇の内容からも、容易に推測することができる。『墨子』の記述には、一般に機械・兵器の制作にふれるものが多く、特に「魯問」以下の二十数篇は、すべて攻守の法に関する兵器のことを論じている。これらの諸篇は墨子後学の文献であろうが、それはこの場合あまり問題ではない。儒家の文献の総集である『礼記』のうちに、喪葬に関するものが圧倒的に多いように、『墨子』にこの種の文献が多いことは、墨学の成立した基盤がどういうものであったかを示すに十分である。

墨子自身も、工作に巧みな人であったらしい。墨子が三年を費やして木鳶を作り、これを飛ばせてみせたという話が『韓非子』（外儲説左上）にみえ、また「魯問篇」には墨子が公輸子との対論において、「子の鵲を作るは、翟（墨子の名）の車轄（車輪）を作るにしかず」と述べている。翟を匠の誤字とする説もあるが、ともかく主客何れも木工の巧を論じているのである。

また墨子の教説中には、宮室や舟車器具、あるいは規矩や運鈞（ろくろ）などを例にとるものが多い。

子墨子曰く、天下の事に従ふものは、以て法儀なかるべからず。百工の事に従ふものと雖も、またみな法あり。百工は方を爲すに矩（定規）を用ひ、圓を爲すに規（ぶんまわし）を用ひ、直には縄を以てし、正（垂直）には縣（垂れ糸）を以てす。巧なるものは、よくこれに中つ。巧ならざるものは中つる能はずと雖も、放依（手本

に）して以て事に従ふは、なほ已むに勝れり。〔法儀〕

子墨子曰ひて曰く、必ず儀（表）を立てよ。言ひて儀なきは、たとへばなほ運鈞の上にして、朝夕（方位木）を立つるがごときなり。是非利害の辨、得て明知すべからざるなり。〔非命上〕

このような比喩は、他にもしばしばみえている。墨子の学は、のちに別墨とよばれる一派によって、すぐれた論理学を組織するに至ったが、その「経」「経説」にあげている命題のうちには、線や立体、光や物体などに関する、いわば幾何学・光学・力学に関するものが多い。それはもと、制作者として学んだ知識が、論理学的な命題の形で整理されていったものであろう。それはまた「名を以て實を擧げ、辭を以て意を抒べ、説を以て故を出だす」〔小取〕という、概念を以て事実をあきらかにし、命題を以て意味を明確にし、推論によって理由を示すとする論理的な思考法、さらにはこの学派における、形式論的な思惟方法と連なるものである。

墨子は現実の世界を、王公大人と士君子と賤人〔非楽上〕の三者に分ける。これが墨子のもつ現実像である。賤人はまた「農と工肆の人」〔尚賢上〕ともいわれるものである。そして墨子は、みずからを賤人の地位におく。王公大人という語には、この集団の人びととの身分的な現実感覚があると思われるが、墨子はつねに、賤人の立場において発言している。

墨子が楚に遊んだとき、恵王（前四八八―四三二）は老齢のゆえに墨子の謁見を辞し、穆賀を使者として面会させた。穆賀は墨子に、「あなたの言説は立派だが、王は天下の大王です。賤人のいうところはお用いにはなるまい」という。墨子は「王は病気のとき、薬が草の根だからといってお用いにはならぬでしょうか。上帝鬼神に祭るお供えを、農夫の収めたものだからといってお用いにはならぬでしょうか。伊尹は天下の賤人ですが、湯王は良医善薬にもひとしい人物だといって、直ちに招聘されたものです」〔貴義〕と昂然として答えている。

百工とよばれる職能的集団は、それぞれ強い団結ときびしい結社性をもっていたようである。『左伝』には、襄公二十三年（前五五〇）、陳の慶氏の乱のとき、工人たちが慶氏を滅ぼした事件をしるしている。慶氏の命で城壁を築いていた工人が、誤って版築用の板をとりおとして人を死傷したので、慶氏はその役長二人を処刑した。これを怒った工人たちは、かえって慶氏を攻めてこれを殺したのであった。かれらがひとたび団結すれば、陳国でクーデターを試みたほどの慶氏のような雄族といえども、これを鎮圧することができずして滅んだ。また哀公二十五年（前四七〇）には、衛の不平分子が三匠の徒を味方に引き入れて乱を起し、工匠たちは利兵を執り、斧斤をかざして公宮を攻め、衛侯は国外に逃れて越の救援を受けるという大事となった。これよりさき、鄭の商人、衛の工商がすでに国政に影響を及ぼす大きな勢力をもつものであったこと、また周では王子朝が、王室の職秩をはなれて庇護を失った百工の徒によって叛乱を起したことは、すでに述べた（一三八頁）。このとき王子朝に与した工人のうち、牆人・直人とよばれる邑があり、牆（左官）・直（埴）（土器制作者）はその職能によって邑居していたものであろう。墨子集団の原質をなすものは、すでにこのような春秋末期における工人集団の中に見出すことができるのである。

このような叛乱の事実からも知られるように、かれらはすぐれた実践的な性格をもっていた。かれらは、巫祝の徒が神巫を、医家が神農を祖とするように、治水の神とされる禹を、その信仰の対象とした。禹は金文に、秦の秦公𣪘（しんこうのき）（秦の景公——前五七六～五三七——の初年の器）や斉の叔夷鐘（前五八一年の器）にすでにその名がみえており、おそらく古くから工匠の徒の守護神とされていたのであろう。『荘子』の「天下篇」に、禹は治水のために天下をめぐって脛に毛もなく、櫛風沐雨の功を積んだが、墨者も粗衣をまとうて日夜やむこともなく、その苦しみを極めているという。『孟子』（尽心下）に、墨者は「頂を摩（すりへ）らして踵（くびす）に放（いた）るも、天下を利すればこれを為す」とされており、かれらの活動には、一種の宗教的な情熱を感じさせるものがある。墨者のもつおどろくべき行動力は、その強固な結社性と、信仰的な団体に近いこの奉仕的な精神にあったようである。それはときには、ほとんど狂に近いものであった。

孔子が狂簡の徒を愛したように、墨者もまた狂や狂疾の語を好んだようである。墨者は、その義とするところを貫くために、「狂を受くとも何ぞ傷まん」〔耕柱〕ともいい、周公のごときも古の狂者であった〔同〕と述べている。当時において反体制的な立場に立つこの両者には、変革者的な情熱において通ずるところがあったのであろう。この狂気は、流れて儒俠となり、墨俠となった。ただ儒墨のちがいは、両者の俠の上にも反映している。

儒家の俠は、たとえば原憲のように、草沢にのがれ、体制の外にその主体性を保とうとする隠逸者に近い屈折した形をとる。しかし墨家は、墨家のありかたそのものが、もともと俠的な性格をもっている。『淮南子』「泰族訓」に、「墨子の役に服するものは百八十人、みな火に赴き刀を踏んで、死すとも踵をめぐらさざらしむべし。化の致すところなり」という。いわば子路的な俠である。尚同・兼愛を説くこの閉鎖性の強い集団は、そのまま戦闘集団ともなりうる性格をもつものであった。

墨家は、その強い結社性のもとに、はげしい実践運動を展開した。そしてたちまちのうちに、天下の顕学となった。墨家の集団は、巨子とよばれる指導者によって統率されている。巨子はその集団に対して絶対的な指導権をもち、聖人とされた。しかもこの専制者は、きびしい戒律のもとに生きた。『呂氏春秋』「去私篇」に、巨子腹䵍(ふくとん)の話がみえる。秦で活動していたいわゆる秦墨の巨子であるが、その子が人を殺した。秦の恵王は、この墨家の長老の愛子を殺すに忍びず、刑罰を免れさせようとした。しかし腹䵍は、「墨者の法に、人を殺すものは死すと規定されています」といって、これを殺した。「父は子のために隠す」〔子路〕ことを直とする孔子の立場と、根本的にちがうのである。

このようなきびしい自律性は、墨家が主として戦闘集団として活躍したことと、関連していよう。墨子はおそらく、このように戦闘集団化した百工の徒の、指導者であり組織者であったと思われる。墨子の活動として著聞する救宋の説話は、「公輸篇」をはじめ、『呂氏春秋』〔愛類〕『戦国策』〔宋策〕『淮南子』〔修務訓〕などにもみえ、初期墨家の活動を伝えるものとして、興味がもたれる。説話は次のように語られている。

公輸般が楚のために雲梯の械を作って、宋を攻めようとした。雲梯は攻城用の長梯である。墨子はそのとき斉にいたが、これを聞くと十日十夜を兼行して楚の都郢に赴き、この戦いが何ら意味のないものであることを論ずる。公輸子もその非攻説に服するが、すでに楚王と約したことであるから、計画を中止することはできないと拒絶する。そこで墨子は直接楚王にまみえて、宋への攻撃は無益のことであり、大王の義をやぶるものであると論ずるが、結局王の前で、公輸子の雲梯の技を試みることになり、墨子はその攻撃を十たび防いでみせる。楚ではこの妨害者を殺そうと密議する。このことを察知した墨子は、「臣の弟子禽滑釐等三百人、すでに臣の守圉（禦）の器を持して、宋の城上にあり、楚の寇を待てり。臣を殺すと雖も、絶つこと能はざるなり」という。楚はついに宋への攻撃を断念した。

墨子がこれほどの情熱を以て、危険をおかして宋のために救うたのは、墨子が宋の出身であるということもあったであろう。しかし墨子は、この後にも弱国小邑のために同じような活動をつづけており、おそらく王公大人たちの野望を挫いて、その兼愛非攻の説を実践しようとしたものと思われる。しかし領土国家の拡大と統一を志向して激動する時代の中にあって、その理想主義はしばしば孤立する。宋を救うことに成功した墨子は、いそいで宋に赴くが、城門を固めていた兵士たちは、墨子のそのような活動をも知らず、堅く門をとざして開かなかった。墨子は降りしきる雨の中を、むなしく立ちつくしていたという。この最後の部分は、「神〔神秘の世界〕に治あるものは、衆人その功を知らず」という格言的なことばで収められているが、孔子がその亡命中に「喪家の狗」とよばれたように、変革期の思想家たちには、そのような孤独のときが多かったのである。

墨子はまた斉において、斉が魯を伐つことを中止させようとしたが成功せず、弟子の勝綽（しょうしゃく）を斉将の項子牛につかえさせて内部からの牽制を策したが、その説の行なわれがたいことをみて呼びかえしている〔魯問〕。また衛にも高弟の高石子を派遣して節用富国の説を述べさせているが、衛君にその説を用いる意がなく、高石子はその厚禄を棄て、狂の名を受けて立ち去った〔耕柱〕。

墨子はこのような活動を通じて、兼愛非攻の実践を追求してやまなかったが、時代の統一への志向が進むにつれて、墨家の後学は、やがて尚同天志を説き、かえって強国を支援する一大機械化兵団の様相をもつようになった。楚や秦で活躍した墨家のうちには、一定の城邑の守備を請負うものがあらわれる。墨者の最後の巨子であった孟勝も、楚の陽城君のために、その集団をひきいて陽城の守備に任じた人である。陽城君はのち楚の内乱にまきこまれ、所領を没収されて脱走する。『呂氏春秋』「上徳篇」によると、このとき孟勝は陽城を守りきることができず、その責を負うて自殺する。墨者の伝統が絶えることをおそれて、これをやめさせようとする部下たちに、孟勝は「墨者の義を行なうことこそ、その業を継ぐことである。巨子の地位は、宋の田襄子に託したいと思う」といって死んだ。このとき、弟子の死するもの百八十三人であった。田襄子への使者に立った二人も、田襄子のとめるのを聴かず、たちかえってまた孟勝に殉じた。孔門の心喪三年というのとまた話は異なるが、壮烈を極めたものといえよう。古代的な儒墨の教団には、やはり共通する何ものかがあったようである。

儒墨の弁

墨者は「墨者の義」のために献身し、また「墨者の義」のゆえに滅んだ。墨者の義とは何か。何がそれほどの献身を要求し、また何ゆえにその義は自己投棄的な滅亡を招くのか。このギルド的社会主義の古代的形態とも思われる集団が、中国の思想史上に示す軌跡は、たしかに現代のわれわれにも深い関心をうながしてやまない。しかもその思想は、現代の中国の代表的な学者によって、それは奴隷解放運動の指導的イデオロギーである儒教の反対者であり、反動的思想であったと規定されている。墨家の問題には、現代的課題が含まれているように思う。

義は墨家において、最高の理念とされる。「萬事、義より貴きはなし」〔貴義〕というのが、その口号であった。義とは、人の生きる道である。ゆえに本来一人一義あり、十人十義、百人百義であるから、そこに乱が生まれる〔尚同〕。これを普遍妥当な義に帰せしめるのが、大義であり、公義である。「義とは利なり」〔経上〕の利はもと宜を意味し、妥当性をいう。しかしすでに人の義とするところが十人十義である以上、義を普遍妥当ならしめる絶対の根拠がなくてはならない。それは天志によって定められる。「天は義を欲し、不義を悪む」〔天志上〕とするのが、その絶対的命法の根拠である。ゆえに「天意に順ふものは義政、天意に反するものは力政」〔同上〕である。

天は有意のものである。明確に霊的な実在である。われわれは、鬼神の実在によって、天志のあることを確認しうる。「天鬼あり、また山水の鬼神あり、人の死して鬼となるものあり」〔明鬼下〕、その証はいくらも見聞のうちに存するとして、墨子はその例証をあげる。周の宣王に殺された杜伯の幽霊話、斉の神社における神判の物語など、列国の『春秋』やその他の文献、さらには『詩』『書』までをも引用する。明鬼によって天志の実証がえられるが、天は万能者である。「天を貴しと爲し、天を知と爲すのみ」〔天志中〕、しかして義はその貴かつ知なるものより出るものであるから、絶対であるとする。のちの別墨のすぐれた論理学にくらべると甚だ粗樸な論証法であるが、かえって初期墨家の方法を存するものであろう。

このような頑迷なまでの神秘論は、おそらく工匠集団としての墨家の体質に根ざすものであろう。古く職能者は、しばしばその業祖神を祀った。「耕柱篇」には、冶金の神としての蜚廉（ひれん）、また陶鋳の神として昆吾（こんご）を祀ることがしるされているが、これらの職能者を擁する集団のより高次の統一神として、禹が信仰の対象とされた。治水の神として広範な信仰をえている禹は、多様な信仰を統一する神格としてえらばれたものであろう。

義もまた、十人十義を拒否して、統一されなければならない。「一に天下の義に同ず」〔尚同〕ることが要求される。ところで「天子のみよく天下の義を同じうする」ものであるから、それはまた「天下の百姓、みな、かみ天子に同ず」という命題におきかえられる。このような推論は、おそらく墨家集団の巨子の体制を、そのままその天下的な世界観に移入したものであろう。

集団の内部は、そのような絶対権をもつ巨子のもとに、平等の原則が貫かれていたのであろう。それが氏族的な秩序にかわる、この集団の原理であった。いわゆる兼愛・尚同は、この共同体の秩序の原理であった。集団の指導には、才能あるものがえらばれた。尚賢は、このような共同体においてのみ可能であった。

天は無差別であり、平等である。ゆえに人は、天意に従って相愛し、相利するのでなければならない。「天意に順ふものは兼ねて相愛し、こもごも相利して、必ず賞を受く。昔三代の聖王、禹湯文武は、これ天意に順つて賞をえたるものなり」〔天志上〕という。それは禹以来の聖王の道であった。この兼愛交利を実現するために、人は無用の消費を避けるべきである。礼楽のような貴族的奢侈は禁ずべきであり、喪葬の礼も節しなければならない。かくして、階級的差別の生ずるのを、極力抑止しなければならない。

すべてを支配しているものは天志である。しかし天は、人びとの努力を通じて、天志としての義の実現を求める。天は人の運命を定めることはない。それは義の実現という天志と矛盾する。「命は、かみ天に利からず、中、鬼に利からず、下、人に利からず」〔非命上〕、否定されなければならない。

墨子のいわゆる十論の思想は、ほとんどその集団の伝統と、自律の原理から出ている。この古代的な職能集団が、王室や列国諸侯の隷属的地位からはなれて、社会的な集団として発展してゆくなかで、かれらはその自律の原理を、社会的に拡大していった。そして列国の領土国家的な発展、さらには強い天下統一への志向をくみとりながら、かれらもまた天子による統一の世界を構想する。天下・天子という語は、『墨子』や『孟子』に至って、しばしばあらわれてくるのである。

孟子は必ずしも儒家の正統ではない。孟子みずから、「われはいまだ孔子の徒たるをえざるなり」〔離婁下〕といい、孔子に私淑するものであると述べている。しかし孔門晩年の高弟たちが、ほとんど仕官して、いわば体制の中に埋没しているときに、このような時代の推移を的確にとらえ、王道政治を主張したのはその孟子であった。

孟子は、仁義を以て王道を実現すべきことを説いた。仁義を並称するのは、儒家では孟子にはじまる。孟子の当時、天下の顕学は楊墨であった。「天下の言、楊に帰せざれば則ち墨に帰す。楊氏は我の爲にす。これ君を無みするなり。墨氏は兼愛す。これ父を無みするなり。父なく君なきは、これ禽獸なり。……よく言ひて楊墨を距ぐものは、聖人の徒なり」〔滕文公下〕といい、「夫子、辯を好む」という非難にも屈せず、異端に対する排撃をやめなかった。しかし孟子が最もはげしい攻撃を加えた墨家の説は、まさしく孟子自身の立つ立場、天下的世界観に近いものであった。孟子が仁義を並称したのも、墨家の義の概念をとり入れたらしい形迹がある。告子のいう「仁内義外説」〔孟子・告子上〕などは、その折衷説であろう。

孔子においては、仁と義とは相並ぶものではない。義は当為であり、「義を見て爲さざるは、勇なき」〔為政〕ものであるが、それは「君子は義に喩り、小人は利に喩る」〔里仁〕というように、行為の基準に関するものであった。しかし仁は、人の存在の根拠に関している。ゆえに「人にして不仁ならば」、礼楽はその意義を失う〔八佾〕のである。文化も価値も、ただ仁を根拠としてのみ存在する。

墨家においては、義はまさに孔子のいう仁に近いものであった。それはあらゆる存在の、また価値の根拠であるが、天志によって与えられる。孔子が克己復礼の実践を通じて、その内観の極致に見出そうとしたものを、墨家は天志として、先験的なものにおきかえたのである。しかもそれが行為の規範とされたとき、兼愛が交利であるように、利と結合された。「義とは利なり」という「墨経」〔上〕の命題は、孔子のいう仁とは次元のちがうものである。

このような仁義を並称することは、それぞれの理念としての意味を、ともに失わせる。『孟子』の巻頭の一章に、魏の恵王が孟子を迎えて「またまさに以てわが國を利せんとするか」と問うと、孟子は「王何ぞ必ずしも利といはん。また仁義あるのみ」と功利の説を一蹴し、さらに「いまだ仁にしてその親を遺つるものあらざるなり。いまだ義にしてその君を後にするものあらざるなり」と仁義の要を説く。仁義を父子君臣の秩序の原理とするような理解は、説法の便宜とはいえ、思想としては大きな後退である。尤も孟子は、孔子の仁にかわるべきものとして、誠を考えていたようである。「誠なるものは天の道なり。誠にすることを思ふは人の道なり」〔離婁上〕という章がそれであるが、それは『礼記』「中庸」にもみえ、子思の学派によって展開されていったものである。誠は、仁における行為的な即自性が失われた、思弁性の強いものである。それはまた、墨子の義におきかえることもできよう。義のもつ実践性からいえば、誠はより抽象的であり、観念的である。

墨子は、古代の神話にみえる禹を、その理想とした。三代の聖王として「禹湯文武」〔天志上〕という道統を立てている。孟子はその上に、さらに堯舜を加えて、「堯舜禹湯文武周公」〔滕文公下〕という道統説をとなえている。堯舜は明らかに孟子によって加上されたものであるが、『論語』の前半である「上論」に属する「泰伯篇」にも、堯舜禹の徳を頌する四章の文があり、いずれも孔子の語として述べられている。この篇は、孔子の語のほか曾子の語五章を含むもので、おそらく曾子後学の伝承するところであろうが、曾子父子は『孟子』のなかで特別の地位を占めている。堯舜の説は、曾子学派のとなえたものかも知れない。いずれにしてもいまの『論語』には、この時期の儒家説を含んでいるとみなければならない。

孟子の学説のうちなお注意すべきものに、春秋学の提唱がある。『墨子』の「非儒篇」には、すでに述べたように、孔子を叛乱者に与する反体制者であるとする論難がある。孟子は、孔子を春秋学の組織者とし、「孔子、春秋を作りて亂臣賊子懼る」といい、孔子を大義名分を正した人であると主張する。おそらくこれは、墨家の攻撃に対する、反論の意味をもつものであろう。

孟子の学説には、明らかに墨家に対する再批判から出発しているところがある。「楊墨を距ぐ」ことを使命とした孟子としては、当然のことである。しかしたとえば、春秋学の主張などは、当時すでに、名分論としての現実的意義をもつものではなかったように思われる。国際政治家としての張儀は、「まことの大丈夫ならずや」〔滕文公下〕と時人の称賛を受け、合従策をとなえて六国の相印を帯びた人である。時代はやがて集団指導の体制に近い四君時代に入ろうとしている。もはや一国一義、国内の名分論などが問題となる時代ではなかった。時代は統一に向って、急速に動きつつあった。

孔子の時代には、この民族のもつゆたかな伝統がなお生きつづけていた。神のことばを伝える聖人たちの教えがあった。そのことばの意味を明らかにすることが、孔子の使命であった。そして孔子はそれを、仁においてみごとに結晶させた。それは心のうちに深く求められたロゴスの世界であった。

しかし墨子や孟子の時代には、ようすは一変していた。伝統は滅び、ながい分裂と抗争とが、すべてを荒廃させていた。問題を、人間性の内面のものとして解決することは、不可能となっている。また列国の歴史的役割も、すでに終りに近づいている。いまや天下を、その政治的対象として考えなければならない。明確に客体化しうるような、新しい原理が要求される。墨子において、義は天志として無条件に絶対化されている。兼愛・交利こそ、天が義としてその実現を求めるものである。また孟子においては、天意は民意を媒介として示される。そこに天の思想の、新しい時代的な意味が見出されている。いずれも、天と人との関係が主題である。人は天のもとに平等でなければならない。そして天意に代りうるものが天子となり、王となるのでなければならない。そういう天下的な世界観の秩序の原理を、墨子は法といい、法儀〔法儀篇〕といい、孟子は仁義といい、王道天下と称した。それはまた、ノモスの世界であったといえよう。

ノモスは、分配を語源とするものといわれている。それは公共性の原理であった。具体的には道徳や法律がそれである。墨子のいう法儀は、ほぼその概念に近いものである。ノモスは個人に対して先在するもの、個人を包む歴史的社会的一般者である。それは集団そのもののもつ権威の上に成り立つものであるから、個人的契機を含みがたい。儒家がそのようなノモス的体制に対応する十分な学説を用意したのは、荀子に至ってからである。そこに孟子の反時代性があった。また墨子は義の根拠を天志に求める神授説をとったが、そこに歴史的社会的一般者としてのノモスに対する反動性があった。集団の権威を代表するものは、王でなくてはならない。それは先王ではなく、現在の王、すなわち後王でなくてはならない。後王主義を説く荀子、王権の絶対性を説く韓非子の法家思想が、このノモス的世界の最後の勝利者となった。そして墨者は、その強固な閉鎖性のゆえに、ノモス的世界に生き残ることができずして滅びるのである。墨家の最後の集団であった秦墨は、秦の統一が成就するとともに滅んだ。

盗跖の論理

ノモス的に統一された世界は、全体と一とをその対極におく。その対極に生まれたものが、楊墨の思想であった。楊朱は「一毛を抜いて天下を利することをも爲さざるなり」〔孟子・尽心上〕というような、徹底的な為我主義であった。『列子』「楊朱篇」によると、このあとに「天下を悉して一身に奉ずるも取らざるなり」とあり、不施不受を主張した人である。ノモス的な世界での自我は、このような形で主張するほかなかったであろう。

孔子の時代の反体制者は、おおむね盗とよばれる政治的亡命者であった（一二六頁以下）。しかしこの時期の反体制者は、主として反社会的な集団の指導者たちであった。うちつづく戦争のために荒廃した各地には、多数の生活の基盤を奪われたものや逃亡者が出ている。戦争の規模は次第に拡大し、その犠牲者の惨苦は、想像を超えるものがあったようである。『戦国策』によると、伊闕の役（前二九三）では斬首二十四万、華陽の役（前二七三）では斬首十五万、また長平の役（前二六〇）では俘虜四十万が生き埋めにされたという。数字の誇張があるとしても、その惨禍が想像される。もはや人間の自由や尊厳が説かれる時代ではなかった。

このような時代の、多くの流亡者を指導したものは、当時の儒俠・墨俠とよばれるような人たちであったらしい。『呂氏春秋』には、各地の大盗をしるして、孔子に学んだという梁父（魯）の大盗顔涿聚、子夏に学んだという晋国の大駔（大親分）段干木、墨子に学んだという斉国の暴者とされる高何・県子石、禽滑釐に学んだという東方の鉅狡（墨者くずれ）索盧参の名をあげている。段干木といえば、魏の文侯の賓客として、「窮巷に隠処し、聲、千里に馳す」（史記・魏世家）といわれた人物である。荘周がその寓言的な表現のうちに、好んで盗跖という人物を用いているのも、このような大盗・暴者が、当時の反体制者の姿であったからであろう。

盗跖は柳下恵の弟であるという。柳下恵は魯の展禽。春秋初期の人で、『孟子』に「柳下恵の風を聞くものは、薄夫も敦く、鄙父も寛となる。百世の上に奮ひて、百世の下、聞くもの興起せざるなし。聖人に非ずして能くかくのごとくならんや」（尽心下）と賛歎してやまない人物であるが、その弟の跖は、これはまた世に聞こえた大盗であった。『荘子』の「盗跖篇」に、「従卒九千人、天下に横行し、諸侯を侵暴す。……父母兄弟を顧みず、先祖を祭らず。過ぐるところの邑、大國は城を守り、小國は保(とりで)に入る。萬民これに苦しむ」という横行ぶりである。そこで孔子は柳下恵に、「賢者といわれるあなたの弟が、あれではお困りでしょう。私がひとつ説得してみましょう」という。柳下恵は頭をふって、「いやいや、とても手に負える代物ではないのです」と止めるが、孔子はきかない。顔回と子貢とを従えて、盗跖を大山の陽(みなみ)に訪れると、跖はちょうど人の肝をなますにして、食事をしているところであった。孔子が来たと聞いて、目を怒らせて取次ぎの者にいう。

　これはかの、魯の巧僞の人、孔丘なるか非なるか。わがためにこれに告げよ。なんぢ、言を作り語を造り、みだりに文武を稱し、枝木の冠を冠り、死牛の脅(むね)を帯とし、多辭繆説、耕さずして食らひ、織らずして衣(き)、脣をうごかし舌を鼓し、ほしいままに是非を生じ、以て天下の主を迷はす。天下の學士をして、その本に反らず、みだりに孝弟をなし、封侯富貴を僥倖せしむ。子の罪はなはだ重し。疾かに走り歸れ。然らずんばわれまさに子の肝を以て晝餔(ちゅうほ)の膳にくはへん。

　それにもおそれないで、孔子が再拝して謁見すると、盗跖は両足をひろげたまま坐し、剣を手にし目を怒らせ、虎のような声で孔子の言を論難し、古今の聖王賢士を罵倒したうえ、孔子に対して次のようにいうのである。

　いま子(し)は文武の道を修め、天下の辯を掌り、以て後世に教ふ。縫衣淺帯し、矯言僞行、以て天下の主を迷惑し、富貴を求めんと欲す。盗、子より大なるはなし。天下、何の故に子を謂ひて盗丘と爲さずして、かへつてわれを謂ひて盗跖と爲すや。いまわれ、子に告ぐるに人の情を以てせん。目は（美）色を視んと欲し、耳は（美）聲を聴かんと欲し、口は（美）味を察せんと欲し、志氣は盈たされんことを欲す。人は上壽なるも百歳、中壽は八十、下壽は六十、病瘦死喪憂患を除き、そのうち開口して笑ふこと一月のうちに四、五日に過ぎざるのみ。天と地とは窮りなきも、人は死すること時あり。時あるの具（身）を操りて、無窮の閒に託す。忽然として騏驥（名馬）の隙（すきま）を馳せ過ぐるに異なるなし。その志意を説ばしめ、その壽命を養ふこと能はざるものは、みな通道に非ざるものなり。丘の言ふところは、みなわが棄つるところなり。すみやかに去りて走り歸り、また言ふことなかれ。子の道は狂々汲々、詐巧虚僞のことなり。以て眞を全うすべきに非ず。なんぞ論ずるに足らんや。

荘子は盗跖という人物を愛した。盗跖は実在の人物であるらしく、『荀子』〔不苟〕にも、盗跖の名声は日月の如く、舜禹とともに伝うべきものであるが、世の君子に尊ばれないのは礼義の中をえていないからであるという。盗に礼義の中を求めるのは無理な話であるが、『荘子』「駢拇篇」に「伯夷は名に首陽の下に死し、盗跖は利に東陵の上に死す」るも、その性を傷なう点では同じであるとしている。また『荘子』には、盗跖曾史を連称することが多い。不自然に性を傷なうものとして、「盗跖曾史の行あり」〔在宥〕、あるいは「下に桀跖あり、上に曾史あり、しかして儒墨ことごとく起る。ここにおいてか喜怒相疑ひ、愚知相欺き、善否相そしり、天下衰ふ」〔在宥〕という。

曾は曾参、史は史鰌(ししゅう)、いずれも孝を以て称せられた人であるとされる。「天地篇」に「跖と曾史と、義を行なふこと間(差)あり。然れどもその性を失ふことは均し」とし、性の自然を貴ぶところが楊墨の別の生ずるところであると論じている。盗跖は、儒墨のように克己力行を主とするものと対置され、全性保真の実践者とされている。おそらく楊朱の説を代表させているのであろう。

墨家の学は、荘周の好むところでなかったらしい。「天道篇」に、「兼愛無私は、これ仁義の情なり」という主張に対して、「それ兼愛もまた迂ならずや。無私ならば、すなはち私あるなり」と老聃にいわせ、「徐无鬼(じょむき)篇」では、魏の武侯が「われ民を愛せんと欲す。義を爲し兵を偃(や)むるは、それ可ならんか」と問うと、徐无鬼は「不可なり。民を愛するは、民を害するの始なり。義を爲し兵を偃むるは、兵を造るの本なり」と論破している。兼愛無私、為義偃兵は、墨家の眼目とする主張であるが、この平和愛好者の実体が、機械化兵団のような組織をもつ戦闘集団であったことは、さきに述べた通りである。

無私は私のはじめ、偃兵は造兵の本という論理は、「大道廢れて仁義あり。智慧出でて大僞あり」という『老子』〔十八章〕の論理に似ている。仁義は大道の廃れる本であり、知慧は真知の隠れるはじめである。それらは相対的価値にすぎないものであるゆえに、これと相反するものを生み、相反するものに転化するのである。相対的なものはつねに矛盾を生む。そこでは価値は容易に転換される。「天下、何の故に子を謂ひて盗丘と爲さずして、かへつてわれを謂ひて盗跖と爲すや」という、盗跖の論理を生むのである。

荘周の哲学は、絶対論的な哲学であるといわれている。絶対は対者を拒否する。しかし対者の拒否が単なる否定にとどまる限り、それは限りなく対者を生みつづけるであろう。対者の否定とは、対者を包みかつ超えるものでなくてはならぬ。有に対する無は、またその対立を超えた無無であり、さらにそれを超えた無無無でなければならぬ。美に対しては醜でなければならぬ。それは美を含み、しかもついに醜でなければならぬ。『荘子』にみえる哲人たちの、あの醜怪とも思われる姿が、この思想の表現には是非とも必要なものであった。それはまた東洋画における、美の様式の極限でもあった。

真の実在とはカオスであり、実在の亀裂を示すものであり、渾沌たるものである。渾沌には目鼻があってはならない。北海の帝である忽と、南海の帝である儵とが、中央の帝である渾沌のところで世話になった。お礼のしるしとして、目鼻のない渾沌に、人並みの目鼻をつけてあげようということになった。七日がかりで七つの竅をうがち終ったとき、渾沌は死んだ。『荘子』の手筆といわれる内篇の最後にある「応帝王篇」の篇末に、この一章がある。儵・忽とは時間的限定をいう。実在は時間や運動のように、分割することを許さないものである。分割は死を意味する。人はなぜ存在を存在として、道を道として、そのままに把握しようとしないのか。矛盾にみちたこの現実を、どうすることができるというのか。あるものはただ、已れだけではないか。存在とともにあるところの、已れだけではないか。そこに自己の存在根拠としての、荘子の本体論が生まれ、認識論が展開される。

荘子の思想が儒家と関係の深いことは、荘子の後学が編したと思われる「説剣篇」に、荘子が儒服して趙王にまみえたという話を載せており、『淮南子』「要略」に、荘子は「儒者の業を學び、孔子の術を受け」たとしていることからも知られるが、その書中には孔子や顔回がしばしば登場してくる。荘子はことに顔回を愛した。この若い俊才は、その師孔子との対論において、おおむねつねにその師を論破し、低頭させている。それで郭沫若氏は、荘子の学は顔氏の儒から出たものであろうと推測しているが、それはたしかに鋭い指摘である。顔氏の儒は、孔子の晩年の思想を継承したものであろう。それは流れて楚狂の徒となる。孔子はかつて亡命中、楚に赴いたことがある。老骨をさげて南方の楚地を彷徨し、なおも地上の理想を夢みてやまない孔子の門を、楚狂接輿は歌いながら走り過ぎてゆく。

鳳や鳳や　何ぞ徳の衰へたる　往くものは諫むべからず　來者はなほ追ふべし　や
みなんやみなん　今の政に従うものは殆し

今の世に、現実の政治に何が期待されよう。政治的な成功は堕落にすぎない。鳳はつねに鳳でなければならない。『論語』「微子篇」に録されているこの話は、『荘子』の内篇「人間世篇」にもみえるものである。「微子篇」にはこの種の説話が多く、それはあるいは南方の儒者の所伝であろう。孔子のこのような彷徨は、盗跖のそれと本質において異なるものではない。それが荘周の考えかたであった。

接輿は「逍遥遊篇」にもその名がみえ、その言は「大にして當なく、往いて返らず、われその言に驚怖す。なほ河漢の極まりなきが如きなり」といわれる荘子一流の人である。楚王がその賢を聞いて、黄金百鎰、車駟（四頭立ての馬車）二乗を以て迎えさせようとしたが、受けなかったという。荘周も、楚王からの手厚い招聘を、弊履のように棄てて顧みなかった人である。荘子もまた、楚狂の徒であった。

荘子の生きた時代は孟子と近く、その地も孟子の遊歴したところとそれほど遠くない。しかし『荘子』には孟子に言及するところがなく、もちろん会ったこともないようである。孟子が、孔子を堯舜以来の大聖人と宣伝し、みずからその徒として行動し、後車数十乗、従者数百人、貴族のような豪勢さで遊説しているその姿は、荘子にはたえがたい醜悪なものとみえたであろう。また数百人の、いつでも水火に赴く死士を従えて行動する墨家の巨子の姿も、唾棄すべきものとみえたであろう。しかもかれらは仁義を説き、偃兵非攻を説くのである。盗跖ならずとも、「何の故にわれを謂ひて盗跖と爲すや」と叫びたくなるであろう。

儒家に対するきびしい批判者とされる荘子は、その精神的系譜からいえば、むしろ孔子晩年の思想の直系者であり、孟子は正統外の人である。孟子はみずから「孔子に私淑するもの」〔孟子・離婁下〕と称したが、私淑という点では、むしろ荘周の方が深いともいえるのではなかろうか。

郭氏は荘周の思想について、次のように論ずる。「大体からいって、個人の自由を尊重し、鬼神の権威を否定し、君主は名ばかりであれと主張し、性や命の拘束に服従するというような基本的な思想の立場では、儒家と接近しており、また儒家より進んでいる。文化の価値を蔑視し、生活が質朴であることを強調し、民智の啓発に反対し、復古的な好みを採用するというような基本的な行動の立場では墨家に接近しており、また墨家よりも進んでいる」〔十批判書、訳三〇六頁〕。そしてこのような思想は、封建的地主階級のイデオロギーであり、「二千余年このかたの狡猾主義の哲学」〔同、三〇二頁〕はこの派に発しているという。思想の本質的な意味において、最も反体制の立場にあると思われる荘子の思想は、階級史観の上からは、隠居放言してはばかるところのない、手に負えない封建勢力の代表者とみられるのであろう。しかし荘周ほど自由な思想家はかってなかったし、またそういう思想の生まれる時代も容易にはないかも知れない。ノモス的な世界、全体と一とが無媒介に対置され、しかもあれほど権力を無視しえた時代は、そうめぐってくるものではないからである。

孔子問礼

老聃は疑問の人物であり、『老子』は疑問の書である。『史記』にその伝がしるされているから実在の人物であるらしいが、司馬遷のとき、孔子の子孫は十二代、老子の子孫は九代というその世代数からいえば、孔子より遥か後の人である。しかるに孔子が老聃に礼を問うたという説話があって、『史記』の「孔子世家」にもそれを採用しており、儒家の文献である『礼記』「曾子問」にも、その説話が四条みえている。郭沫若氏は、この孔子問礼の説話は、『荘子』『呂氏春秋』『韓非子』にもみえているから、老聃という人物の実在は疑問の余地がなく、問礼の説話も事実であろうという。『論語』にみえる楚狂接輿や長沮桀溺（ちょうそけつでき）、荷蓧丈人（かじょう）といった隠者たちは、孔子の時代に実際にいた人物であり、このような世を避ける士の生活条件からみて、超現実的な本体観と隠逸生活の理論が生まれる可能性があるというのが、その論拠である。

老聃はたぶん実在の人物であろう。荘子後学の手に成る「天下篇」にいう。

> 本を以て精（純粋）と爲し、物を以て粗と爲し、……澹然（心しずか）として獨り神明に居る。古の道術ここにあるもの、關尹・老聃、その風を聞きてこれを悦び、これを建つるに常無有（絶対の無）を以てし、これを主るに太一（心）を以てす。濡弱謙下（争わずにひかえる）を以て表（モットー）と爲し、空虚にして萬物に毀はれざるを以て實と爲す。
> 老聃は曰く、その雄（能動的）を知りてその雌を守れば、天下の谷（根源）と爲る。……人みな先を取るも、己れひとり後をとる。曰く、天下の垢を受くと。……深きを以て根と爲し、約を以て紀（原則）と爲す。曰く、堅ならば則ち毀はれ、鋭ならば則ち挫かる。常に寛にして物を容れ、人に削せられず。至極と謂ふべきは、關尹・老聃なるか。古の博大眞人なるかな。

ここに要約されている老子の言は、いまの『老子』にみえるものもあり、そのままではみえないものもある。「天下篇」の作者がみた『老子』は、必ずしも今の『老子』ではないかも知れない。今の『老子』は、『韓非子』の「喩老」「解老」に至ってみえるもので、それに少しく先立つ時期に成立したものであろう。大体秦漢の際であろうと考えられる。

老聃は実在の人であろうが、その事跡はほとんど知られない。『史記』の「老荘申韓列伝」には、その伝末に老莱子や太史儋のことがしるされていて、その人の異伝ともとれるかきかたである。『荘子』「外物篇」には、孔子と老莱子との会見譚がみえる。またいまの『老子』がその人の著作とは定めがたいことからいえば、『老子』の書によってその人と時代とを論ずることもできない。『荀子』「天論篇」に、「愼子は後に見ありて先に見なし。老子は詘（屈）に見ありて信（伸）に見なし。墨子は齊（同）に見ありて畸（奇）に見なし。宋子は少に見ありて多に見なし」と四家を評し、また「解蔽篇」には「墨子は用に蔽はれて文を知らず。宋子は欲に蔽はれて得を知らず。……惠子は辭に蔽はれて實を知らず。……孔子は仁知にして且つ蔽はれず」とあって、ここには老子はみえない。その下文にまた道を論じて、「欲なく惡なく、始なく終なく、近なく遠なく、博なく淺なく、古なく今なし」、そして心に道を知る所以は、「虚壹にして靜」、「いはゆる虚とは、心いまだ嘗て滿たずんばあらず。しかれどもいはゆる一あり。心いまだ嘗て動かずんばあらず。しかれどもいはゆる靜なり」と論じ、『道経』に曰くとして、「人心これ危く、道心これ微なり。危微の幾は、ただ明君子にしてしかるのちにこれを知る」という。『道経』の前二句はいま『書』の「大禹謨」にあり、その篇の成立も、道のような本体論があらわれるようになってからのことであろう。この『荀子』の文には、儒道接近の傾向がすでにみえている。『荀子』には老子に言及するところはないが、ここにいう虚静の説は、『荘子』「天下篇」の関尹・老聃の空虚の説と近い。関尹には、黄老道徳の術を説く「上下二篇」の著があったという。『呂氏春秋』〔不二篇〕に「老聃は柔を貴び、孔子は仁を貴び、墨翟は廉を貴び、關尹は清を貴び、子列子は虚を貴び、陳駢は齊を貴び、陽生〔楊朱〕は己れを貴ぶ」として、老子を諸子の第一においている。「關尹・老聃」〔荘子・天下〕の順序がかえられていることが注意される。『荘子』〔達生〕に列子と関尹との問答があり、『呂氏春秋』〔審己〕にも関尹との問答がある。列子は荘子の先輩にあたり、恵施とともに『荘子』中によく出てくる人物である。「黄帝」「仲尼」の両篇に、その師を老商氏と称している。老萊氏とか老商氏のように、この学派のものに老をつけていう人が多い。萊・商は地名であろう。老聃もまた老をつけていう。孔子が「ひそかに我が老彭に比す」〔述而〕といった老彭も、その種の人物であるかも知れない。老とは長老の意であるが、それはもと、地域集団などの司祭者をよぶ語であったと思われる。

『荘子』の「外物篇」には、孔子が老萊子と会見した話がみえる。また老聃には西遊の説話があり、孔子にも周に至って礼を学んだという話がある。これらのことが問礼説話の生まれる背景であったのであろうが、問礼説話そのものは、もとより思想史的な問題である。

問礼説話は『荘子』にはじめてみえ、その創作者は荘子の一派である。しかし「天道篇」にみえる問礼の説話は、孔子に墨子流の「兼愛無私は仁義の情なり」と主張させるなど、荘子末流の作為であるらしい。荘子は儒学に深く、荘子の思想は、儒家の批判から出ているところがある。荘子が問礼説話によってその学統を高めようとするはずがない。荘子の儒家批判は、しばしば孔子と顔回の問答という形式で展開されている。

顔回曰く、回、益せりと。仲尼曰く、何の謂ひぞやと。曰く、回、仁義を忘れたりと。曰く、可なり。なほいまだしと。

他日、またまみえて曰く、回、益せりと。曰く、何の謂ひぞやと。曰く、回、禮樂を忘れたりと。曰く、可なり。なほいまだしと。〔大宗師〕

顔回は深思自得の人である。その師に告げて、「仁義を忘れたり」という。しかし師は「可なり」と評しながらも、「まだまだ至らぬ」という。他日また、今度は「禮樂を忘れたり」という。仁義礼楽は、当時の儒家の根本主張である。しかし師はなお、「まだまだ至らぬ」という。孔子はこの俊才に、何を期待しようとしているのであろう。説話中の孔子は、後学によってノモス化された儒家教説の超克を望んでいるのではないか。

他日またまみえて曰く、回、益せりと。……曰く、回、坐忘せりと。仲尼蹵然として曰く、何をか坐忘といふと。顔回曰く、肢體をすて、聰明をしりぞけ、形を離れ、知を去り、大通に同ず。これを坐忘といふと。仲尼曰く、同ならば則ち好（主観）なきなり。化ならば則ち常（固定の状態）なきなり。なんぢ果たして賢なるか。丘や請ふ、なんぢの後に従はん。〔同〕

坐忘とは、知覚的なもの、理性的なものの放棄をいう。いわば直観である。それはノモス的な原理としての仁義礼楽を棄てたところに生まれる。孔子において明らかにされたイデア的な世界は、やがて儒墨の徒によって、ノモス的な社会的一般者に転化された。それは集団のもつ規範性に、すべての人が服従しなければならぬ世界である。墨子や孟子の学説は、その思想的表現であった。しかしそのような一般者は、その集団の超越性のゆえに、主体的な生の自由に息づくことを許さない。生の衝迫は極度に抑圧される。従ってノモス的な世界の否定は、個の主体性の回復の主張となり、より根源的な生の解放の主張となる。生の哲学、実存の哲学とよばれるものが生まれるのは、おおむねそのような思想的要求からである。荘周の思想が、しばしば生の哲学、実存の哲学とされるのもまた、その意味においてである。

『荘子』には、孔子と顔回との対論という形式をとるものが、他に八条ほどもあり、荘周は、この両者を対論させることを好んだようである。それは孔子の権威を象徴的なものとして、寓言の世界でこれを批判する修辞的な便宜からというよりも、少し立ち入ったいい方をすれば、おそらくそのような形でみずからの思想の超克を欲していたのは、じつは孔子自身であったのではないかと、私は思う。『論語』「公冶長篇」に、孔子と子貢との問答一条がみえる。孔子が子貢に、「女(なんぢ)と回とは、いづれか愈(まさ)れる」と問う。子貢はもちろん、一目も二目もおいている相手である。「賜(子貢の名)や何ぞ敢て回を望まん。回や、一を聞いて以て十を知る。賜や、一を聞いて以て二を知る」と答える。すると孔子は、「如かざるなり。吾も女とともに如かざるなり」といった。子貢がまだ孔子の亡命に従っていたときのことであろう。そのときすでに、孔子はこの若い俊才が、自分を超えてゆくであろうことを期待していたのであった。

この対話は、孔子が単に人の才能について論じたというようなものではあるまいと思う。孔子のいう仁の奥義を理解しうるものが、かりに顔回のみであったとしても、顔回がそのとき、孔子よりも高い自覚に達していたはずはない。「これに従はんと欲すと雖も、由なきのみ」〔子罕〕というのが、顔子の詠歎であった。しかしおそらく孔子は、ひとたび形成された思想のもつ完結性が、その完結性のゆえにみずからの限界をもつものであることを、すでに洞察し、自覚していたのであろう。イデア的な完成は、一回きりで終るものではない。イデアは永遠にその実現を求めるものである。しかしイデアの体認が、つねに人格的な主体の実践によるものである以上、その新たな発展は、別の人格の実践にまつほかはない。孔子はその意味で、それを顔回に期待したのである。顔回を喪ったとき、「ああ、天、予を喪ぼせり」と長歎したのも、その意味であった。孔子はすでに、新しいイデアの主体的行為者を求めていたのであった。

おそらく荘周は、この孔子の願望を見ぬいていたと思われる。それで荘周は、孔子と顔回との対論という寓話形式を以て、これを実現してみせたのである。私が荘周を、孔子の思想的系譜の正統な継承者であるとし、また顔氏の儒に属するという郭氏の説に賛成するのも、その意味においてである。荘周は、新しいイデアの探求者であった。そしてノモス的な世界にあって、イデアを回復した。ただその回復は、ノモス的な世界の否定を通じて行なわれた。従っておのずから、孔子のそれとは異なるのである。孔子においては仁は、伝統のすべての意味が、イデアとしてそこにおいて体認される場というべきものであったが、荘子はそれを実体化している。荘子のいう道とは、イデア的実在である。しかしそのような相違にもかかわらず、その思想には、明らかに系譜的な関係があるといえよう。孔子を、この学派に招待しなければならない。それで荘周の後学によって、孔子問礼の説話が作られた。これが、孔子問礼説話の、思想史的意味である。ただ老子の思想は、おそらく荘子よりおくれて形成され、『老子』の書に定着したのは、さらに後のことであろう。

老荘の思想を、郭氏は封建的地主階級のイデオロギーであり、二千年来の土豪劣紳の哲学であるというが、それにしては、その思想は高尚にすぎるようである。先秦の文献においても、『荘子』ほどみごとな思想的文章はない。そしてまた、これほど高踏的で、政治への無関心を示したものはない。占卜の神亀として、死して廟堂の上におかれるよりも、生きて尾を泥中に曳くことを理想とする〔荘子・秋水〕。徹底的な反社会的な態度であり、生の主張である。このような独善主義、個人主義が、支配者や封建的勢力の思想、ノモス的世界のイデオロギーであるはずはない。それは脱ノモスの思想である。敗北者の思想であり、基本的には敗北の哲学である。そしてその敗北主義は、『老子』に至ってはなはだ明確な形をとる。

『荘子』には老子の語としてあげるものが十数章に及んでいる。しかしいまの『老子』にみえるものは、「寓言篇」に建言の語として引かれている「大白〔悟達の心〕は辱〔敗北者〕のごとし。盛徳は足らざるがごとし」〔老子、四十一章〕の一条のみであり、他に類句二、三をみとめうるにすぎない。かえって老子の語とされていないものに、いまの『老子』に同一もしくは類句として存するものが多く、木村英一博士はその五十五例を指摘されている〔老子の新研究〕。このことは、いまの『老子』が『荘子』より後の成立であることを示すものとみてよく、その書は老聃の名に仮託されているのである。

『老子』には、『荘子』のようなはげしい主体性の主張、フュシスとしての生命的なものへの要求がない。それは主体性を棄て、生への要求を絶つことが、真に主体を回復するものであり、生きることであるという、徹底した敗北の思想であり、否定の哲学である。ノモス的世界に自己を埋没し、死することによってのみ生きるとする、絶望の思想である。「聖を絶ち、智を棄つ」〔十九章〕といい、「學を絶てば憂なし」〔二十章〕という。いまやイデアをも棄てなければならぬ。そして「その辱を守りて、天下の谷となる」

〔二十八章〕という。敗北の窮極にある谷、しかも天下の谷となる。そのような徹底的な敗北のみが、永遠の生の根源を保つものであるという。そこには荘周のようなノモスの超克者としての超人の姿はない。おそらくそれは、ノモス的世界の底に、よどむようにしてわずかに残された古代的な氏族社会の、この時期におけるイデオロギーであろう。「郷黨には齒（年長者）を尚ぶ」〔荘子・天地〕という。古い氏族社会では、長老がすべての指導者であった。祭事も軍事も、長老たちが古い慣例に従ってこれを行なった。しかしそのような基礎社会は、古く殷周の革命以来、次第に破壊され、ことに戦国期のはげしい領土国家的な発展、天下思想のノモス的展開のなかで、ほとんど滅び去った。古代的な共同体の原点は、「小國寡民」〔老子、八十章〕、人は生を終えるまで、外と相往来することもない世界である。かれらが生きのびる道は、ノモスの世界の底に自己を埋没するほかにはない。「敢に勇なれば殺され、不敢に勇なれば活き」〔七十三章〕るのである。「曲なれば全し」〔二十二章〕である。これを思想的に表現すれば、「反は道の動、弱は道の用。天下萬物は有に生じ、有は無に生ず」〔四十章〕るものといえよう。そこに無の哲学が生まれる。

古い氏族社会が、比較的にのちまで残りえたところは、宋・楚の地である。老子の思想も、おそらくその地で生まれたものであろう。古い箴言を尚ぶ故老たちが、その思想を箴言風の形式で表現した。司祭者でもあったかれらは、「谷神死せず。これを玄牝（生命の根源）といふ。玄牝の門、これを天地の根といふ」（六章）のように、象徴的な修辞を好んだ。『荘子』にもそういう傾向はみえるが、ただ荘周の文章には、いわゆるディアレクティケーに近い弁論風のところがある。そこには祭祀者の修辞があるように思う。

戦国末に楚の地に起った『楚辞』の文学も、古い氏族社会を基盤とする古代的な巫祝集団の、最後を飾る文学であった。楚辞文学は、はじめゆたかな儒教的教義をみせている。それはその巫史の伝統が、儒家の基盤と近いものであったからであろう。しかしのち次第に、道家的な賦彩を加えながら展開してゆく。それはその文学が、巫祝集団の崩落の過程のなかで生まれたものだからである。楚辞文学は、古代の挽歌であった。それは老子の思想が敗北の思想であったように、敗北の文学であった。

楚辞文学は、屈原によって代表されている。郭氏ははじめ、屈原を奴隷解放の戦士であるといい、その文学は奴隷解放者の文学であったという（屈原研究）。のちその任務を、孔子に負わせることにしたが、屈原は依然として愛国の詩人として、戯曲の主人公とされている。しかし主役としての屈原の果たした任務は、楚辞の様式を以て古代の挽歌を歌うことにあった。それは滅びの文学であった。老子の思想が、敗北の思想であるのと同様である。

このようにして儒と道とは、思想の上のみでなく、文学の上でも接近を示してゆく。そしてこの両者は、漢に入ってふしぎな結合を遂げる。それは道家のいう無為を体とし、儒家のいう礼教を用とする、いわば第二のノモス的世界である。なおそれには、先秦諸子の思想が複雑にからみ合うのであるが、基本的には儒・道の習合であったとすることができよう。そのような風潮のなかで、大史公司馬遷が、『史記』「孔子世家」に、この孔子問礼の説話を採用したのであった。

稷下の学

先秦諸子の思想は、稷下の学において相接し、相影響した。特に道家思想の成立について、それは重要な役割をもつものであった。

斉は威王・宣王の二代（前三五七～三〇一）にわたって、強盛を極めた。その都城である臨淄（りんし）は、城の周囲五十里（約五里）、十三の城門によって四方に通じていたが、その西門を稷門（しょくもん）という。当時、斉は聘を厚うして天下の学士を迎え、斉の学堂のある稷門の附近に邸宅を与え、大夫の号を設けて、自由にその学を講説させた。一時は各地の著名な学士七十余人が、この稷下に集まったという。それで各学派の間に学術の交流も行なわれ、学徒の数は数百千人に及び、当時の学術の淵叢となった。世に稷下の学といわれるものである。

稷下の学士には、『史記』「孟荀列伝」のいうところによると、淳于髠・慎到・環淵・接子・田駢・騶奭などがあり、みな書を著わして治乱のことを論じ、世主に仕えることを求めた。淳于髠は斉の人で博聞強記、雑学の雄であったらしい。慎到は趙、接子は斉、環淵は楚の人であるが、みな黄老道徳の術を論じてその指意を叙述し、慎到は十二篇、環淵は上下二篇の書を著わしている。孟子もかつてこの地に遊んだことがあり、後には荀子も来ている。他に名家とよばれる論理学派もあったが、儒・道の二家が最も多かったようである。

威王の作った青銅器がいまも残されているが、その祖を黄帝としている。従来の堯舜の上に黄帝をおく道統説は、この地ではじまったことである。郭沫若氏は、稷下の学についていう。「斉の国はなぜあのように道家を扶植せねばならなかったか。これははなはだ明瞭で、全くのところいわば高級な文化政策なのである。……斉の威王が田氏の遺烈を受けて、斉の国（呂氏）を奪いとってからのちは、従来の士を養うという習慣からして、一群の文化人を装飾品にすることが必要であった。これももちろん一つの動機であるが、もっと主要なこととしては、やはり自分の足もとからまたもや新しい〃国を竊むもの〃が生まれてくることを望まず、そのために前もって予防して、人民のこのような下心を除去せねばならなかったのである。この目標からすると、楊・老の学説は最も手ごろな武器である」〔十批判書、訳二三八頁〕。思想家はいつでも、権力者に奉仕するものだという発想である。

楊墨は一時天下を二分したといわれるほどの顕学であるが、楊朱は道家の系譜に入るものであった。郭氏はまたいう。「墨家の保護者は、当時は秦であった。このときは、斉・秦の二大強国が二大学派を保護していた。それゆえ楊と墨との勢力が天下を二分しており、そして儒家はいちばん不運なときであった。孟軻や荀況はすべて居候にすぎなかった。かれらがなぜ闘争せねばならなかったか、なぜ楊墨を排斥せねばならなかったかといえば、おおかたはやはり生存競争のためであったのだ」〔同、二三八頁〕。しかし墨家は必ずしも秦墨に限らず、墨子も晩年には斉に来ており、その弟子の高何・県子石は斉の暴者といわれた人物である。勝綽（しょうしゃく）という高弟も、斉に仕えている。南方の墨者には相里子・鄧陵（とうりょう）子など著名な学者が多く、「墨経」といわれる独自の論理学を発展させた。巨子孟勝も、楚地で終った人である。宋にはその巨子をついだ田襄子があり、また関東にも北方にも墨者がいた。ただ墨学が斉で栄えなかったのは、斉では重要な生産や制作を国営としており、百工集団として墨家の活躍する余地が少ないからである。古代の制作技術を伝える『周礼』の「考工記」は斉に伝えられたものであり、管仲に名を託している『管子』には生産に関する記述が多い。もともと墨家は、結社性の強い実践的な集団であるから、稷下の学に加わるのにふさわしいものではない。道家が有力であったのは、斉の皇祖黄帝の学というふれこみにしたからであろう。

稷下の学は、諸子の学の交流に絶好の機会を与えたが、その成果として二、三の事実を指摘することができよう。まずそれは、道統説の展開に影響を与えた。儒家はもと周公を礼楽の創始者としたが、やがて墨家が禹を標榜するに及んで、孟子が堯舜を立てて古代の聖王とした。しかし稷下の学では、斉の遠祖という黄帝がもち出され、この加上競争には終止符がうたれた。儒家が堯舜禹湯文武周公という道統説をとなえたのは当時のことであるが、そのためにはその聖業を示す文献がなくてはならない。『書』の「堯典」「皋陶謨」「禹貢」など、堯舜禹の物語が、こうして作られる。それらは、古い神話的伝承を変改して、経典化したものである。「堯典」には、『山海経』にみえる帝俊（舜）の物語や、司日神である羲和、四方の方神や風神、羌族のもつ岳神伯夷の物語や、禹の洪水説話などを資料として含んでいるが、その原型をとどめないほど変改されている。しかしこういう経典が偽作されたのは稷下の学の影響とみられ、その経典化に成功したのは儒家である。巫史の学の伝統によるものであろう。『論語』に引用されている『書』には、そのような成立のものをも含んでいる。

第二には、九州説や五行説など、自然についての学である。騶衍は、儒家のいう中国とは天下の八十一分の一の世界に過ぎず、九州の外にまた九州があり、これをめぐらす陰陽の消息にははかりがたいものがあるとして「怪迂の篇、終始大聖の篇十餘萬言」〔史記・孟荀列伝〕を作ったという。『書』の「洪範」などに、そういう稷下の学の影響がみえる。そのような自然観に思想としての組織を与えたものは、田駢・慎到であり、その師彭蒙であった。『荘子』の「天下篇」に、

公にして黨せず、易らかにして私なく、……知に謀らず、物において擇ぶことなく、これとともにゆく。古の道術ここにあるもの、彭蒙・田駢・慎到その風を聞いてこれをよろこび、萬物を齊しうするを以て道となす。

という斉物棄知の説は、このような自然哲学から出発し、荘子にも大きな影響を与えた。

第三に、このような自然哲学から、一種の論理学が生まれた。『荘子』に「恵子多方にしてその書五車」〔天下〕といわれる恵施は、時間と空間、無限と有限、知識論などを問題とした詭弁学派であったらしい。「至大は外なし。これを大一といふ。至小は内なし。これを小一といふ。厚さなければ積むべからざるなり。その大なること千里」とか、「鏃矢の疾きも、行かず止まらざるのときあり」〔同〕というのは、空間や運動の問題を扱ったものである。公孫竜にも「白馬は馬に非ず」とする論があり、それは概念の内包と外延との問題であるが、かれはそれを外交の折衝に用いて成功を収めたといわれる。

南方の墨者に別墨とよばれる一派があって、同じく論理学の問題を発展させた。『墨

子』の論述には論証の方法を用いるものが多いが、それはかれらがいわば技術者の集団であったということと関係していよう。儒家にはこの種の論理学は生まれなかった。儒家の実践的性格が、これを必要としなかったのであろう。しかし陰陽説や五行説、あるいは数理的な思考法が、のちに至って易の原理を生み出している。

老荘の思想というが、『老子』の書は『荘子』より後に成立したものと考えられる。荘子はおそらく稷下の学の成果として、騶衍の九州説や田駢の斉物棄知説、また楊朱の為我全性説などを吸収しているであろうが、荘周自身は、ほとんど国外に遊ぶことはしていないようである。荘子は蒙の人であるという。その地は当時、宋に属していたらしい。老子も宋楚の間の人で、かつて周に遊んだという西遊の説話を除いては、遊歴をしたらしい形迹はない。

おそらくかれらは、亡殷の後である宋の人であろう。宋は時勢おくれの国であった。古い伝統を、愚直なほど守りつづけようとした地である。宋人といえば、切り株で兎が首を折るのを待って耕すのをやめる「待ちぼうけ」の話や、苗の生長を早めたいと思って引き抜いてしまう「助長」の話のように、間の抜けたことばかりする男である。それは、その国の国王からしてそうであった。「宋襄の仁」ということばがあるように、襄公は仁義の軍を行なうと称して奇襲策をしりぞけ、そのため大敗を喫して、ようやく成就しようとした覇業を失ったりする。また饑饉のときに、景公（〜前四五三）は、その遠祖の湯王が行なったように、積薪の上に坐して、自らを焚いて雨を祈ろうとした。この景公の話は、『荘子』の佚文として伝えられている。「宋襄の仁」は後までも世の笑い草となったが、『史記』「宋世家」の論賛には、礼譲ある行為として、君子の賞賛をえたとしるしている。この君子とは、おそらく宋の古い氏族や郷党の長老たちのことであろう。かれらは「我は愚人の心なるかな」「我獨り頑なにして鄙しきに似たり」〔老子、二十章〕とし、しかもそれを真の生きかたであるとして肯定し、主張してやまないのである。

宋はそういう国がらであるから、当時のノモス的世界からとり残された、特殊な地域であった。おそらく古い制度や習慣が、その氏族的なもののうちに多く保たれていたのであろうと思われる。殷周革命のとき、多数の殷の氏族が各地に分散賜与されたが、貴族の有力なものは成周、すなわち今の洛陽に集められ、周はその前面に王城を築いてこれを監視した。西周期の金文には、かれらにしばしば査察を加えたことがしるされている。この成周の庶殷とよばれる殷の遺民たちの居住地は、それよりじつに千五百年を経た六朝の北魏の時代にも、なお外部との往来を避ける閉鎖的な生活をしていたという。楊衒之の『洛陽伽藍記』〔巻五〕に、そのことがしるされている。おそらく列国期の宋人も、他からは違和的な人びととみられていたのであろう。「國の垢を受くる、これを社稷（国）の主といふ。國の不祥を受くる、これを天下の王と爲す」〔老子、七十八章〕というような敗北の倫理は、そこから生まれる。そのような思想を生み出したものは、亡殷の余裔として長い屈辱に堪え、ノモスの世界からもはみ出している、この地の特殊な歴史地理的風土を考えなければならぬであろう。かれらは斉物棄知説や全性説を受け容れるのに、最も適した条件をもっていたのである。

稷下の学は、ここにもその余風を残した。あるいは、最もゆたかなみのりをこの地で収めたというのが、正しいかも知れない。楊墨と並び称せられた楊朱の学は、稷下では宋鈃・尹文子の徒によって展開された。『荘子』の「天下篇」にいう。

俗に累はされず。物に飾られず。人に苟くもせず。衆に忮はず。天下の安寧にして、以て民命を活かさんことを願ふ。人材の養は、足るを畢ふれば止む。これを以て心を白かにす。古の道術ここにあるもの、宋鈃・尹文その風を聞きてこれをよろこぶ。

宋鈃は、『荘子』にしばしばみえる宋栄子である。宋鈃・尹文子の関係の文献は、久しくその伝承が知られなかったが、いまの『管子』のうちにそれらの著作がまぎれこんでいることが、劉節氏の論文〔古史考存所収〕や郭氏の研究〔十批判書〕で明らかにされた。すなわちその「心術」「白心」「内業」などの諸篇がそれである。これらはおおむね美しい韻文でしるされており、その内容においても形式においても、重農政策を論ずる

『管子』の他の諸篇とは、明らかに異なる。その説は、「内静かにして外敬ならば、よくその性に反り、性まさに大いに定まらんとす」〔内業〕という定性を主とするものであるが、「白心篇」にみえる次の文は、『老子』の第九章とほとんど同文である。

持してこれを満たすは、乃ちそれ殆し。名、天下に満つるも、その已むに若かざるなり。名進みて身退くは、天の道なり。

いまの『老子』には、「持してこれを盈たすは、その已むに如かず。……功遂げて身退くは、天の道なり」とみえる。宋鈃らの説は、稷下の学として斉に流伝し、ついに『管子』の書中に収録され、その一部とされるに至ったものであろう。いま有韻の例として、「内業」の文を引いておく。

凡そ道は根もなく莖もなく、葉もなく榮（華）もなし。萬物以て生じ、萬物以て成る。これに命じて道といふ。天は正を主とし、地は平を主とし、人は安靜を主とす。春秋冬夏は、天の時なり。山陵川谷は地の枝なり。喜怒取予は人の謀なり。この故に聖人は時とともに變じて化せず。物に從ひて移らず。よく正しくよく靜にして、しかるのちによく定まる。心を定むること中に在りて、耳目聰明なり。

静を以て変に応ずる道を説く。『韓非子』「顕学篇」に「宋榮子の議するや、闘争せざるを設け、仇に随はざるを取り、囹圄（牢獄）を羞ぢず、侮らるるも辱とせず」というのは、『老子』の「大白は辱の若し」〔四十一章〕、「雄を知り、雌を守る」〔十八章〕と同じく、また『荘子』「天下篇」に「攻を禁め兵を寝む」というのは「兵は不祥の器」〔三十一章〕、「甲兵ありと雖も、これを陳する所なし」〔八十章〕というのに近い。『老子』の思想が、この宋銒から出ていることは明らかである。『荘子』「逍遥遊篇」に、宋栄子は世の得失を猶然として笑い、「世を挙げてこれを誉むるも、勧むることを加へず。世を挙げてこれを非るも、沮むことを加へず。内外の分を定め、栄辱の境を辨ず」るものであると評している。それはノモスの世界を超える態度である。

宋銒は宋の人。陶淵明の編と伝える『集聖賢群補録』によると、三墨の一とされており、その学は墨子から出ている。孟子に宋牼としてみえる人で、孟子よりも先輩であった。諸子の学は稷下に起ったが、墨子・宋銒及び老荘の学は、いずれも宋の地から生まれている。亡殷の後である宋が、諸子発祥の地となっていることに、深い興味がもたれるが、孔子もまたその死に臨んで「丘や殷人なり」〔礼記・檀弓上〕といい、殷礼によって葬られることを求めたという。思想は本来、敗北から生まれてくるもののようである。

第五章　『論語』について

文体論

「様式とは、いやが応でも私を賭けさせるものだ」〔文学論第三十章〕とアランはいう。思想もまた、思想そのものが自己の様式を定める。他の様式をえらばせない、絶対の形式をもっている。思想はその表現の様式、文体と切りはなせない関係にある。従って『論語』の文には『論語』の世界があり、『老子』の文には『老子』の世界がある。『論語』には、孔子をめぐる群像の息吹きが感じられる。しかし『老子』には人の姿はみえない。その声は暗く深い谷間から、きびしく孤独にひびいてくる。

『論語』の文は簡潔で、かげが深い。一時の問答にも、その人が浮かび出てくるようである。「公冶長篇」に、孔子と顔淵・子路との対話がある。おそらく師弟がくつろいで、人間関係などを論じていたときのことであろう。孔子が弟子たちに「平生、何を心がけているかね」と話しかける。子路が先にこたえた。「願はくは、車馬・衣・輕裘、朋友とともにし、これを敝るとも憾むことなからん」、――たぶん、子路が大事にしていた車馬・軽裘を、友人に貸していためられたのであろう。そして残念でしかたがなかったのであろう。「憾むことなからん」というのは、残念という字を顔にかいたようなものである。しかしそれは、率直な子路が、孔子の前でよほどひかえめに述べたことばなのであろう。次に顔淵がこたえた。「願はくは善を伐(ほこ)ることなく、労を施すことなからん」、善を誇らず、親切だてはしないというのである。善意は押売りしてはならぬ。それはもう善意ではない。善とは何かということが、かれの考えていた問題なのであろう。この年少者は、哲学的な思索を好んでいたようである。

　孔子が弟子たちのことばにうなずいていると、こんどは子路が、「先生は何を心がけておられる」と、師のことばをうながす。孔子はしずかにこたえた。「老者はこれを安んじ、朋友はこれを信ぜしめ、少者はこれを懐かしめん」。人間関係を律するものとして、これ以上のものがあろうか。それは確信にみちた人のみがもつ、やさしさである。この師のもとにあるもの、この弟子とともにあるもの、その羨ましい師弟のすがたが、わずか六十字ほどの行間にあふれ出ているようである。

『論語』の文は、対話の集約であり、弟子たちは、その対話でえた集約を、そのときすぐ書きとめておいたようである。「衛霊公篇」に、子張が「行なわれること」、すなわち諒解され実行されることの条件について問うたときの、孔子のことばがしるされている。それは次のようなものであった。

　子曰く、言、忠信にして、行、篤敬ならば、蠻貊(ばんばく)の邦（未開の遠国）と雖も行はれん。言、忠信ならず、行、篤敬ならずんば、州里（自分の住む地）と雖も行はれんや。立てば則ち前に参はるを見、輿（車上）にありては則ちその軛に倚るを見る。夫れ然るのちに行なはれん。

さきの一条は道を行なう態度、次の一条は行住坐臥それを忘れるなという教えである。孔子のことばは、いつも韻語のように美しい。章末に「子張、これを紳に書せり」とかかれているのは、子張が感動して、急いで大帯の垂れた部分に、これを書きとめたのである。

『論語』には、語録風のものが多い。「子曰く、由（子路）よ、徳を知るものは鮮きかな」（衛霊公）のように、よびかけるように述べたもの、「君子は器ならず」（為政）（君子は道具ではない）と激語したような句もある。しかしそのような語録体のものにも、背景が感じられる。何かの事実の上に立って述べられているのである。おそらく対話から生まれている語であるにちがいない。その対話のなかから生まれた孔子のことばが、そのままで格言となるのはなぜであろう。孔子のことばにはイデアがある。伝統の集約化と内面化とがある。それは克己復礼というような、孔子自身のきびしい実践と思索に裏づけられたものである。それでそのイデアは、日常の問答の間にも、美しい韻律をなして流れるのであろう。

『孟子』の文章は、知られているように、その暢達さにおいて抜群である。説得の論理も巧妙であるし、覇気にあふれている。孟子の自筆と伝えられるその文章は、遊説者としての孟子の談論を伝えるものであろう。

孟子が斉の宣王にまみえたときのことである。孟子は口を開くと、ただちに王に質問をしかけた。「王さまの臣下に、妻子を友人に託して楚に旅行するものがあったと仮定しましょう。旅から帰ってみると、妻子が餓死している。そのような場合、王さまならばどうされます」。「そのような友人は棄ててしまう」。「裁判官が公平に裁判できないとすれば、どうされます」。「罷免してしまう」。「国内がうまく治まらぬときは、どうされます」。今の政治家ならば、「仮定の問いには答えられない」というところであろうが、正直な宣王は「左右を顧みて他をいふ」(梁恵王下)、つまり窮したという態度を示した。「左右を顧みて他をいふ」という句は、諺とはなっても、格言とはならない。孟子の語には、格言化しうるものが少ない。ロゴスはすでに失われている。かれは「詩にいふ」「書にいふ」という形式で、そういうときには古典の語を使う。すぐれた哲人が、ことばにその精神の重みのすべてを託するという時代は、すでに過ぎているのである。

『墨子』は墨家文献の集成であり、種々の文章を含んでいる。その文献化された時期は、墨子没後のことであろう。「非儒篇」なども、『孟子』と時期の近いものと思われる。「孔某、その門弟子と閒坐す。曰く、それ舜の瞽叟（舜の父）を見ること蹵然（おそれるさま）たり。このとき天下あやふきか」という語がある。舜が天子となり、父の瞽叟を臣とするのは倫理の矛盾であるとするものであるが、それは『孟子』（万章上）に、咸丘蒙というものが、「舜の瞽瞍を見る、その容、蹵たるあり。孔子曰く、この時において天下殆いかな」というのは事実かとたずねると、孟子は「これ君子の言に非ず。齊東野人の語なり」といった、その斉東野人の語である。

『墨子』の諸篇は、概ね一篇の主題を定めた論文形式をとり、叙述は論理的である。そのため「是の故に」「故に曰く」「然らば則ち」という推論や帰納のいい方が多い。しかしその論証は、素朴でたどたどしい。「述べて作らず」（述而）という孔子の語をとりあげて、「古、羿は弓を作り、伃は甲を作り、奚仲は車を作り、巧垂は舟を作る。然らば則ち今の鮑函車匠（鞄や車作り）はみな君子なるか。しかして羿・伃・奚仲・巧垂（それぞれの創作者）はみな小人なるか。かつその述ぶるところは、人必ずこれを作るものあり。然らば則ち、その述ぶるところはみな小人なるか」と非難するが、これは孔子のあの含蓄深いことばを、全く理解しないものというほかない。

孔子のこのことばは、孔子のいう道がイデアの体現に外ならぬものであることを示したものである。ゆえにさらに「信じて古を好む」といい、また「ひそかにわが老彭に比す」と、古代の神巫の名をあげている。おそらく墨子のみた孔子の語には、下の二句がなかったのかも知れない。それにしても、墨家は儒家に対して、ほとんどその反感を隠さず、露骨な攻撃を加えている。孔子ならば、「異端を攻むるは、すなはち害あらんのみ」〔為政〕というところである。

『荘子』の文は、思想的文章としてほとんど空前にして絶後である。その文は、稷下諸学士の精緻な理論を駆使し、奔放にして博大を極めた修辞を以て、超越者の自在な精神的世界を表現した。この超人は、孔子ののちに失われたロゴスを、またよびかえした。ことばはその自在な活力を回復する。しかしこのような古代に、今の実存主義者をも驚倒させるようなこの文体は、どこから生まれてきたのであろう。もしこれにいくらか近いものを求めるとすれば、『楚辞』の「離騒」及びその系列の辞賦文学のほかにはないと思われるが、それは起源的には祭祀者の文学である。

トムソンは、古代の典礼文形式が『新約』のうちにその様式のものを残していることに注意し、例証として「コリント後書」の第六章の文を引いている〔最初の思想家たち、訳一四八頁〕。すこし長文であるが、比較のためにあげておく。

見よ、今は恵みのとき、見よ、今は救いの日である。この勢がそしりを招かないために、私たちはどんなことにも、人につまずきを与えないようにし、かえってあらゆる場合に、神の僕として、自分を人々にあらわしている。すなわち、極度の忍苦にも、患難にも、危機にも、行詰りにも、鞭うたれることにも、入獄にも、騒乱にも、労苦にも、徹夜にも、飢餓にも、真実と知識と寛容と、慈愛と聖霊と偽りのない愛と、真理のことばと神の力とにより、左右にもっている義の武器により、ほめられても、そしられても、悪評を受けても好評を博しても、神の僕として自分をあらわしている。私たちは人を惑わしているようであるが、しかも真実であり、人に知られないようであるが、認められ、死にかかっているようであるが、見よ、生きており、懲らしめられているようであるが、殺されず、悲しんでいるようであるが、常に喜んでおり、貧しいようであるが、多くの人を富ませ、なにもないようであるが、すべてのものを持っている。

この対置法的な文体、多くの文節を層々としてくりかえし、随処に韻を用いる文体は、古い祭式における表現から出ているといわれる。わが国の祝詞にも、「かくきこしめしては、すめみまの命のみかどを始めて、天の下よもの國には、罪といふ罪はあらじと、科戸の風の天の八重雲を吹き放つことのごとく、朝のみ霧、夕のみ霧を、朝風夕風の吹きはらふことの如く、大つ邊に居る大船を、舳解き放ち、とも解き放ちて、大海原におし放つことの如く、かなたの繁木が本を、燒がまの敏がまもちてうちはらふことの如く、のこる罪はあらじと、祓へたまひ清めたまふことを」というような表現がある。諸子の文章では、『荘子』の文にそのような修辞法がめだつのである。

道はいづくにか隠れて眞僞ある。言はいづくにか隠れて是非ある。道はいづくにか往くとして存せざる。言はいづくに存して可ならざる。道は小成に隠れ、言は榮華に隠る。故に儒墨の是非あり。その非とするところを是とし、その是とするところを非とするを以てなり。その非とするところを以て是とし、その是とするところを以て非とせんと欲するは、則ち明を以てするに若くはなし。

物、彼に非ざるなし。物、是に非ざるなし。彼よりすれば則ち見えず。知よりするときはこれを知る。故に曰く、彼は是より出で、是もまた彼に因る。彼是は方生（相対）の説なり。然りと雖も、方に生ずれば方に死し、方に死すれば方に生ず。方に可なれば方に不可なり。方に不可なれば方に可なり。是に因れば非に因り、非に因れば是に因る。この以に聖人は由らず。これを天に照らすも、また是に因るなり。是もまた彼なり。彼もまた是なり。彼もまた一是非なり。此もまた一是非なり。果たしてはた彼是あるか。果たしてはた彼是なきか。彼是その偶（対立者）を得るなし。これを道樞という。〔斉物論〕

言は表現、あるいは論理とみてよい。ロゴスに近い語である。言や物における相対の世界は、明とよばれる理性、道枢とよばれる存在の立場に立たないかぎり、つまり対者の次元を超えないかぎり循環するほかない。すなわち「彼是方生」するノモスの世界である。相対と絶対とは、現象と存在という関係である。たとえば、風は現象にすぎない。大地の息である。しかし風は、みずからを主体であると思い、みずからが存在者であると思う。そこに認識の混乱が起るのである。

山林はざわめきゆれ　百圍えの大木の竅という穴　鼻に似たる　口に似たる　耳に似たる　枅に似たる　圏に似たる　臼に似たる　ふかき洼に似たる　あさき洼に似たる　風はたぎつ水の音　矢走る音　叱する音　いき吸う音　叫ぶ音　声あげてなく音　くぐもれる音　遠ほえる音　前なるものは于と唱え　あとなるものは喁と唱える　冷風はさやかに和し　飄風は大きく鳴りひびく　どよもす風が吹き過ぎたあとは　あらゆる竅がひそやかとなる　見たまえ　樹々は調々とゆらぎ　木末は刀々としてそよぐを（福永光司、荘子、少し改めた）

風の声の千姿万態は、さまざまな竅穴からおこる。竅穴にこれらの声あらしめるもの、それはこのような現象の奥にある実在に外ならない。「みなそれ自ら取るも、怒ますものはそれ誰ぞや」〔斉物論〕、その現象の奥に、これらのすべてを鼓動させているものがある。しかも誰もがそのことに気づかない。「物をして物たらしむるは、物にあらざるなり」〔在宥〕という、その物にあらざるものが真の実在である。

荘子がどのような生活者であったのかは知られない。しかしこの文章からみると、かれが祭祀者の流れをくむものであったことは、疑いないように思われる。ノモス的世界のなかで、神は見失われている。しかし人は、神を棄ててよいのであろうか。物をして物たらしめるもの、その真宰の存在を知らなければならない。イデアは実在する。荘子はそのために、多彩な論証法を展開するのである。

荘周のこのような神秘主義的な思想については、おそらく宋・楚の地をはじめとして各地に残された古い氏族や郷党の伝統を重んずる長老や祭式の関係者たちが、深い共感を寄せ、あるいはその思想の宣布に努めるものもあったであろう。かれらもまた当時のノモス的な社会のなかで、その生きかたを問われている人びとである。長老たちは同時に司祭者でもあった。その伝統をどのようにして保ちつづけるか。巨大化していよいよ暴威をほしいままにするノモス的世界から、その生活を守らなければならない。いまは「法令ますます彰かにして、盗賊多く有り」〔老子、五十七章〕という時代である。古くは「戸を出でずして天下を知る」〔同、四十七章〕という、無事の時代であった。「われ無為にして民自ら化し、われ好靜にして民自ら正しく、われ無事にして民自ら富み、われ無欲にして民自ら樸なり」〔同、五十七章〕という淳朴の時代であった。その淳朴の世に帰らなければならない。『荘子』の「胠篋篇（きょきょう）」に、その時代を次のように追想する。

この時に當りてや、民は結繩してこれを用ふ。その食を甘しとし、その服を美とし、その俗を樂しみ、その居に安んず。隣國相望み、雞狗の聲相聞こゆ。民、老死に至るまで、相往來せず。

それはなお、文字のない時代である。約束ごとは、縄を結んでしるしとした。それで違約のおそれはなかった。土俗の生活が疑うこともなく伝承される。そのような社会にこそ、人の真実の生活がある。しかし社会の巨大化が、すべての真実を奪うのである。長老たちは、かつての氏族社会、郷党の生活を、ノモス的社会の反極にある理想的なものとし、ユートピアとして追想する。『荘子』にみえるこの文は、そのままいまの『老子』にある。『老子』の第八十章に

小國寡民、什伯の器あるも用ひざらしめ、民をして死を重んじ、遠く徙らざらしむ。舟輿ありと雖も、これに乗るところなし。甲兵ありと雖も、これを陳ぬるところなし。

とあり、その文につづいてさきの「胠篋篇」の文がある。『老子』の文には、このように『荘子』の文から発展していったものが多い。

『老子』には、「大道廢れて仁義あり、知慧出でて大僞あり」〔十八章〕のような逆説が多くみられる。知を去り、仁義を棄て、本来の自然にかえらねばならない。人はその原点に復帰しなければならない。逆説は、人を原点に近づける修辞法である。それは『荘子』にも多くみえており、「知北遊篇」に、黄帝の古い教えとして次のようにいう。

それ知るものは言はず。言ふものは知らず。故に聖人は不言の教を行なふ。……道

は致すべからず。徳は至るべからず。……故に曰く、道を失ひてしかるのちに徳あり。徳を失ひてしかるのちに仁あり。仁を失ひてしかるのちに義あり。義を失ひてしかるのちに禮あり。禮多きものは、道の華にして亂の首（はじめ）なり。故に曰く、道を爲（をさ）むるものは日に損す。これを損し、またこれを損し、以て無爲に至る。無爲ならば爲さざるなきなり。……生や死の徒なり。死や生の始なり。たれかその紀（はじめ）を知らん。

この文中の語は、いま『老子』の第五十六章、二章、三十八章、四十八章及びその他に散見している。「故に曰く」として引く語は、当時すでに黄帝の言として述べられていたもので、ゆえに黄老の称がある。いまの『老子』は、これらの語を集成したものである。

老荘のような思想を形成した基盤は、おそらく古い祭祀者の集団と関係をもつものであったと思われる。かれらは特定の社会的身分、あるいは地域集団として活動したものではなく、むしろいわば閉鎖的な社会の人びとであった。しかしおそらく、その間を巡遊する祭祀者の集団があってその教えを伝え、それを伝誦したのであろうと思われる。『老子』の文がほとんど韻文で構成されているのもそのためであろう。巡遊的な巫祝者が、吟遊詩人のような役割を果たした。老荘の徒が、孔墨のように特定の人格として形像化しがたいのも、そのためであろうと考えられる。

『楚辞』の「九歌」は、楚地の巫が用いた祭祀歌であるが、そのうちに人の寿夭を司る神として、大司命・小司命を祀る歌がある。大司命は天上にあって、その祭には「廣く天門を開き　紛としてわれ玄雲に乗る」と歌いながら、天より廻翔し、下界を臨む。「紛として總々たる九州　何ぞ壽夭の予にある　高く飛び安かに翔り　清氣に乗じて陰陽を御す」「壹たび陰にして壹たび陽　衆わが爲すところを知るなし」。人の寿夭をつかさどり、陰陽を支配するこの神の描写は、『莊子』「逍遥遊篇」にみえる「天地の正に乗じ、六氣の辯に御して、以て無窮に遊ぶ」神人の姿と重なり合う。そして下界に降り来ったこの神は、「ああ、いよいよ思うて人をして愁へしむ　人を愁へしむること如何　願はくは今の若くにして虧くることなからんことを」と歌う。人はなぜそのはかない生に思いをはせないのか。死生こそ大事ではないか。しかしその死生の問題をとりあげた思想は、老荘のほかにはない。老荘の思想の出発点は、むしろここにあった。かれらが、祭祀者・巫祝の集団と、何らかの連なりをもつものであったことは明らかである。

　大司命は、春秋末期の斉の青銅器である洹子孟姜壺に、上天子・大無司誓・南宮子の神々とともに、その喪葬のときに祀られている。斉にもその信仰のあったことが知られる。これによっていえば、大司命は各地の喪祝によって祀られていたものである。おそらくその神を祀る巫祝の徒は、各地を巡回し、祭式者の間に生まれた思想を運び、その文を伝誦し、その修辞の形成に参加したであろう。『老子』と楚辞文学との文体的な接近は、その点からも考えられる。しかしいずれにしても、老荘のような思想は、ノモス的社会の表面に立つものではない。それは狂濤の相うつ波瀾の世界を、「寵辱驚くがごとし」〔老子、第十三章〕と笑いながら、その底にふかく流れるところの深淵の思想であった。

儒家八流

儒家は戦国後期には分れて八流となり、はげしく分裂する。それは地域的な分散というよりも、『韓非子』「顕学篇」に「取舎相反して同じからず」というように、主張上の分裂である。八流とは、子張・子思・顔氏・孟氏・漆雕氏・仲良氏・孫氏・楽正氏をいう。『荀子』の「非十二子篇」に、子思・孟軻を一系として非難を加えており、孟・荀〔孫氏〕が最大の対立者であった。仲良氏はおそらく仲梁子〔礼記・檀弓上〕で曾子の弟子であるらしく、楽正氏は孟子の門人である。顔・漆雕の二氏を除いて、他は曾・孟の系統に属し、荀子がひとり別派の旗幟を立てている。

「非十二子篇」には、子思・孟軻を攻撃するのみでなく、他の諸儒にもはげしい批判をあびせている。だてな冠をつけ、意味深げなことばづかい、禹のように行き、舜のように趨る子張氏の賤儒、衣冠を正し、顔色を厳かにし、勿体ぶって一日中一言もいわぬ子夏氏の賤儒、ものぐさで破廉恥で食意地が強く、君子はそう四角ばらぬものだよという子游氏の賤儒、いずれも『孟子』〔公孫丑上〕には、「聖人の一體あり」とされているものである。『荀子』には陋儒・散儒・腐儒・俗儒など、儒をののしる語が多い。ノモス的な思想の完成者であった荀子からみれば、これらはなお古代的な教学の形式的踏襲者に過ぎなかったのであろう。性悪説にまで徹するのでなければ、ノモス的支配は完成しないからである。

しかしさすがに、孔子は別格である。荀子はつねに、仲尼・子弓を連称して、その指標としている。子弓とは仲弓、すなわち冉雍のことであるらしい。『論語』にみえる四科十哲は、「徳行には顔淵・閔子騫・冉伯牛・仲弓、言語には宰我・子貢、政事には冉有・季路、文學には子游・子夏」〔先進〕とあり、このうち荀子はひとり仲弓、すなわち子弓のみを孔子と並べてよんでいる。また八流中に名を残しているものは顔氏だけであるが、これを顔回とすることには異説がある。しかし顔子の風を慕う荘周のごとき人もあり、『荀子』「大略篇」にも「仲尼・顔淵は、知にして世に窮す」と孔子と連称しており、その学はなお一派をなしていたのであろう。八流のうち、顔氏と漆雕氏とは、いわゆる儒俠に近い反ノモス派である。

『論語』には、子路・子貢・顔回・子夏・冉有・子張・仲弓・公西華・宰我の言行を録するが、その弟子たちによって、それを師の言行として掲げているものは、一条もない。

みな第三者による記録の形をとる。『論語』のうち、孔子のように師の扱いを受けているものは、有若を有子〔学而〕、曾参を曾子〔学而・泰伯・顔淵・憲問・子張〕とよぶ二人だけである。「子張篇」には曾子のほか子貢・子夏・子游・子張の語を収めているが、いずれも他の諸篇と同じくみな字(あざな)でよばれている。それで古くから、『論語』は有子・曾子の弟子の編纂であるとする説があり、曾子の弟子である檀弓(だんぐう)は『礼記』「檀弓」上下二篇の編者で、その文は達意を主として『論語』に近いといわれ、『論語』の編者の一人に擬せられている。しかし有子・曾子は孔子の最晩年の弟子で、孔子と直接に問答している例はほとんどない。「一貫の道」についての曾子との問答〔里仁〕なども、のちにいうように疑問とすべきものである。かつ曾子の弟子の手になるものならば、その直系とみられる孟子がその書をみていないはずはない。

他の高弟たちの消息はどうであろうか。子路はほとんど全篇にわたって、四十条近くもその言行を収める。しかしその弟子らしいものはみえない。顔回も同様である。子貢も孔子との問答の多い人であるが、ほとんど聞き役であり、子貢の語としては、「夫子の文章は得て聞くべきなり。夫子の性と天道とを言ふは、得て聞くべからざるなり」〔公冶長〕と嘆息する一条のみである。しかし子貢には、その弟子陳子禽との問答が二条〔学而・子張〕ある。子夏の語も「学而」「子張」にみえ、「子張」には子張・子游の語録があるが、そのいずれにも曾子の語がある。曾子は孔子より四十六歳も年少で、孔子に親炙する日は少なく、初期の高弟たちの消息は知るはずがない。『論語』にとって、一体ヨハネはだれであったのか。またパウロはどこにいたのであろうか。その疑問はいまもなお残っているが、そのことを考えるまえに、しばらく儒家の流別をみてゆく必要がある。

『孟子』には、孔門の弟子たちに言及するところが数条みえる。「宰我・子貢はよく説辭を爲し、冉牛・閔子・顏淵はよく德行をいふ」〔公孫丑上〕というのは、いうまでもなく十哲〔先進〕中の人であるが、徳行において仲弓がみえない。『荀子』に仲尼・子弓と連称する冉雍は、『論語』〔雍也〕には「雍や南面せしむべし」と孔子が王侯の風格があると評した人物であるが、孟子はことさらにその人物を除外している。

また孟子は、「子夏・子游・子張はみな聖人の一體あり。冉牛・閔子・顏淵は則ち體を備へて微なり」〔同〕という。ここでも仲弓は省かれているが、子夏・子游・子張は、荀子が「非十二子篇」において賤儒として痛罵してやまない人たちである。この三人の語録は、曾子の語とともに『論語』の「子張篇」に収められている。また『孟子』は、その章末に、孔子を論じた三高弟の語を載せ、宰我「予を以て夫子を觀るに、堯舜に賢ること遠し」、子貢「生民ありてより以來、いまだ夫子あらざるなり」、有若「生民ありてより以來、いまだ孔子より盛なるものあらざるなり」という。子貢が孔子を評した語は『論語』〔子張〕に三条みえるが、孟子はその語を用いていない。また有若を十哲の人とならべていうのも、この文章がはじめてである。有若は『論語』〔学而〕に、「有子曰く」としてその語三条を録する。

有若は孔子に似た人であった。それで孔子が没すると、子夏・子張・子游が、孔子に代って、有若に仕えることにしようという。曾子がひとり反対して、孔子の徳は「江漢（水名）以てこれを濯ひ、秋陽以てこれをさらす。皜々乎として尚ふべからざるのみ」〔孟子・滕文公上〕とこれを拒否した。高弟の三子がこのような提案をするはずもなく、最年少の曾子が三者の意見をおさえるなど、不審なことである。『孟子』にはこのような作り話が多くて、油断がならない。孟子には特に、曾子を顕彰しようとする意図があったようである。「曾子・子思は道を同じうす」〔離婁下〕「曾子曰く、晉楚の富は及ぶべからざるなり。彼はその富を以てするも、我はわが仁を以てす。彼はその爵を以てするも、我はわが義を以てす。われ何ぞ慊（気おくれ）せんや」〔公孫丑下〕のようにいうが、この曾子の語は、天爵（徳）を以て人爵（身分）よりも尊しとする〔告子上〕孟子一流のいい方である。

孟子は曾子を顕彰するのみでなく、曾子の父子にも言及する。父の曾皙については「尽心」〔下〕に二条、子の曾西については、管仲に比較されることを潔しとしなかったという話〔公孫丑上〕を載せている。孟子は、曾皙を古の狂者であるという。弟子の万章が、「孔子、陳に在りて、何ぞ魯の狂士を思ふや」と問うと、狂者とは進取の人であるといい、その例として、「琴張・曾皙・牧皮の如きものは、孔子のいはゆる狂なり」と三者をあげている。琴張は『荘子』〔大宗師篇〕に子桑戸・孟子反と親友で、いずれも死生のことを超えた人物であったとされる。曾皙もその一流の人である。その曾皙が、『論語』〔先進〕では、孔門随一の人物とされているのは、いかにもふしぎな話である。

子路・曾皙・冉有・公西華、侍坐す。子曰く、わが一日爾（なんぢ）より長ずる（年上）を以て、吾を以てする（遠慮する）ことなかれ。居れば則ち曰く、吾を知らざるなりと。もし爾を知るものあらば、則ち何をなさんやと。子路卒爾（そつじ）（すぐ）として對へて曰く、千乘の（小）國、大國の閒に攝（はさま）れ、これに加ふるに師旅（戦争）を以てし、これにかさぬるに饑饉を以てす。由やこれををさめ、三年に及ぶころ、勇ありかつ方（道）を知らしめんと。夫子、これを哂（わら）ふ。求、爾はいかんと。對へて曰く、方六七十、もしくは五六十、求やこれををさめ、三年に及ぶころ、民を足らしむべし。その禮樂のごときは、以て君子を俟たんと。赤、爾はいかんと。對へて曰く、これを能くすといふに非ざるも、願はくはこれを學ばん。宗廟の事（まつり）、もしくは會同に端（服）して章甫（を冠）し、願はくは小相（司会者）とならんと。點、爾はいかんと。瑟を鼓すること希（まれ）なりしも、鏗爾（こうじ）〔音高く〕として瑟をおきて作ち、對へて曰く、三子者の撰しきに異なりと。子曰く、何ぞいたまんや、亦各々その志を言ふなりと。曰く、莫春には春服すでに成る。冠する者五六人、童子六七人、沂（水）に浴し、舞雩（雨請いするところ）に風し、詠じて歸らんと。夫子、喟然として歎じて曰く、吾は點に與せんと。

点とは曾皙の名である。子路ら三人が退出したのちも、曾点はひとり残って、孔子から三人に対する批判を聞いており、孔子に最も親近な人として語られている。『論語』の中でも有名な、そして最も長文の一章である。

この物語が、「公冶長篇」にみえる孔子の三者に対する批評の語、「由や、千乘の國、その賦（軍事費）を治めしむべし」、「求や、千室の邑、百乘の家、これが宰（長官）たらしむべし」、「赤や、束帶して朝に立ち、賓客と言はしむべし」という一条と、また同篇の、孔子が顔淵と子路にその志をいわせた条（二三三頁）の形式をとって、曾皙を三者の上に位置させようとする目的のもとに創作されたものであることは、すでに和辻哲郎博士〔孔子、一二六頁〕の指摘するところである。曾点のいう舞雩の風詠とは、三月上巳のみそぎの行事のことで、古くは雨請いの祭でもあった。後世には雲翹の舞というのが王宮で行なわれ、舞者は七十二名とされた。冠者五六人、童子六七人をそれぞれ乘算して加えた数である。この『論語』の物語は、孟子が狂簡の人として曾皙の名をあげ、曾子学派の顕彰につとめたところから、のちに作られた話であろう。孟子はこれほど曾子学派のためにつとめたにもかかわらず、『荀子』〔非十二子〕には「子思・孟子」を「往舊を按(かんが)へて説を造(な)す」ものとして子思と連称し、子思の師とされる曾子には攻撃を加えていない。荀子は孟子を、曾子の学統にあるものと認めていないのであろう。

　荀子の立場を示す、もう一例をあげよう。『論語』〔衛霊公〕に、史魚という人物についての、孔子の評論がある。「子曰く、直なるかな史魚、邦に道あるときは矢の如く、邦に道なきときも矢の如し」というそのことばは、賞賛の意を以て述べられたものである。ところが『荀子』〔不苟〕には、「名を盗むは貨を盗むに如かず、田仲・史鰌〔字は子魚〕は盗にだも如かず」と極論している。荀子はなお、『論語』をみていなかったと考えてよい。それのみならず、このような直道者は、ノモス的な秩序からいえば有害者である。『韓非子』にいう八流のうち、顔氏・漆雕氏の二氏もまたいわゆる儒侠に近い一派であった。漆雕氏のことはすでにふれた（一五二頁）が、「行なうて直なれば、諸侯にも怒る」〔韓非子・顕学〕という人で、史魚と同じ主張である。またその勇は、『孟子』〔公孫丑上〕にしるす北宮黝の勇に近い。また『孟子』における顔子の地位は甚だ高く、「禹・稷は平世に當りて三たびその門を過りて入らず。孔子これを賢とす。顔氏は亂世に當りて陋巷に居り、一簞の食、一瓢の飲、人はその憂に堪へざるに、顔氏その樂しみを改めず、孔子これを賢とす。孟子曰く、禹・稷・顔回は道を同じうす」といい、禹・稷のような古聖王に比肩している。ばかばかしいような記述であるが、この顔子の楽をいう語は、いま『論語』〔雍也〕にみえるものである。『論語』との関係においていう限り、孟子は最も近くに位置している。荀子は『論語』にみえる高弟のうちひとり仲弓を尚び、他をおおむね賤儒・陋儒として非難し、あるいは無視するが、それらの高弟たちは、『孟子』のなかでは依然として高い地位が与えられている。特に曾子と顔回が最も尊尚を受けているが、これは現在の『論語』の内容と一致する。

『孟子』には、孔子の語を引くものが十余条であるが、いまの『論語』にみえるものが九条、他にも似たものがいくつかある。もちろん『論語』の名はまだみえず、その文にも小異が多い。また『荀子』には、「孔子曰く」「子曰く」というものが二十数条もみえるが、これはまた『論語』にみえるものが一条もない。

ただこれによって、いまの『論語』が、孟子の時代に、その周辺で形成されたのであろうと推測するのは、まだ早すぎる。『論語』には、『孟子』のような弁者の習気がみえない。むしろ、ノモス的な社会に対する深沈なる反抗がある。『論語』を、特に孔子の語を、一貫して流れているものは、そのようなノモス的社会とは調和しがたいものである。そして孔子のあの孤高の精神は、『論語』の編纂において、なお生かされている。そのゆえにわれわれは、いまの『論語』を通して、孔子の声容を想像し、その精神を追迹することができるのである。孔子は、『論語』のなかにのみ、生きている。

儒家八流の交錯し、相争うなかで、『論語』を伝えたものはたれか。その原資料はどのようにして形成されたのか、次にその問題に移らなければならない。しかしその前に、『論語』に登場してくる門弟たちのことにふれておきたい。

弟子群像

司馬遷が「孔子世家」を作り、またその弟子たちの「列伝」をかいたとき、その資料としたものは、『孔氏の書』であり、孔子の遺宅から出たという孔氏古文の一である『弟子籍』であり、『論語弟子問』であった。『孔氏の書』はおそらく「世家」の資料となったものと思われ、また『弟子籍』『弟子問』は「弟子列伝」の資料とされたようである。孔子の弟子三十五人のことは、その年齢氏名が書伝にあるという。「列伝」ではさらに四十二人の名を列している。そしてこの七十七人は、孔子の学を受け、その業に通ずるもので、みな異能の士であるという。「束脩を行なふより以上は、われいまだかつて誨(をし)ふることなくんばあらず」〔述而〕という孔門には、他にも名籍を残さぬものもいたであろうが、久しく一所不住の生活をしていた孔子としては、多数の弟子にめぐまれていたといえよう。しかし『論語』にみえるものは、そのうち約二十名である。

孔子の生涯は、弟子たちとの強い連帯の上に成っている。孔子がおそらくは卑賤な巫祝の身分から起って、博識の師儒として名をえたころ、その門に武俠不逞の一人の男が加わった。孔子より九歳年少の子路である。子路はもと無頼の徒であった。雄鶏の冠をつけ、豚皮に収めた剣を帯びて、孔子を凌辱しようとしたことが、『荘子』の「盗跖篇」にみえている。しかし手もなく孔子に説破されて、その門に入った。かれが孔門に加わったことは、おそらく孔門の教団としての性格、さらには孔子の生涯の運命にもかかわることであった。かれは無類の武勇と、率易さと、また誠実さをもつ人物であった。かれはのち季氏につかえてその宰となり、孔門も季氏と結びつくこととなる。孔子が非難し排撃しようとしたこの僭主との結合は、孔子に大きな矛盾を負わせ、その生涯を左右する。

この畏敬すべき高弟に対して、『論語』は必ずしも十分な尊敬を示していない。四十条に近い子路関係の記述は、おおむねその勇気と、そのための無邪気な失敗とでみたされている。また孔子からも、「暴虎馮河、死して悔ゆることなきもの」〔述而〕と手きびしく批判されたりする。しかしその子路も、まれにはほめられることがある。「道行なはれずんば、桴（いかだ）に乗じて海に浮かばん。我に従ふものは、それ由なるか」と孔子が人に語ったことがある。これを聞いた子路は、手ばなしの喜びようであった。本気で出かける用意もしかねない男である。「由や、勇を好むこと我に過ぎたり。材を取るところなし」〔公冶長〕、「とりえのない男だ」とたしなめながらも、この人物に対する孔子の深い信頼は、ゆらいではいない。

じっさい、先生思いという点では、孔門中、かれにまさるものはなかった。「殺すものも罪なし」といわれる危険な亡命中の遍歴に、必ず師の身辺にあって、数々の武勇を発揮した。義経につかえる弁慶のような人物である。孔子が病気にでもなると、すぐお祓いやお禱りをしたがったのもかれである。病気で臥している老師に、子路が心配して祈禱をしたいというと、孔子はしずかに「丘の禱ること久し」〔述而〕といって許さなかった。それで、ひそかにその病気を他の身代りびとに移す呪術をさせていたが、それに気づいた孔子は、「われたれをか欺かん。天を欺かんか」〔子罕〕とはげしく叱りつけている。そして「わたしは二三子（弟子たち）の手に死したいのだ」ともらしている。このような愚かしいことをする弟子への、孔子の愛情を示したことばであろう。この弟子に対する孔子の信頼は、ほとんど絶対であった。

子路は政治家としては、孔門中の大才であった。「政事には冉有・季路」〔先進〕といわれるこの二人は、前後して季氏の宰となった。孔子の亡命は子路のときであり、亡命十四年の孔子を迎えたのは冉有である。子路は季氏の宰になると、ただちに三家の私邑である三都の武装解除に乗り出した。子路としては、私邑の叛乱に手を焼いてきた三家の禍根を絶つという目的で、かれはその先頭に立って行動した。『左伝』では、子路がその立案者とされている。しかしこれは、どうも孔子の遠謀であったらしいと、私は思う。三家の私邑を無力化すれば、この忌むべき貴族政治を打倒する機会がえられようというのが、孔子のねらいであった。孔子はそれを、三家のための政策として子路に実行させたのである。ことは寸前に敗れ、子路は責任を負うて辞職した。しかし孔子がその背後にあることは、もとより隠れもないことであった。子路はいわば、師に殉じたのである。しかしそれからの亡命十四年の間、子路はこの老いたる師の側を離れることはなかった。そしてあらゆる危難をしのいで、師を無事に魯に送り帰している。のち衛の内乱に死んだが、討死のとき、冠のひもを結びなおして息絶えたという。その遺体が塩づけにされたと聞いて、孔子は、おりから家にあった塩づけを放り出させた〔礼記・檀弓上〕と伝えられる。

子路と対照的なのは顔回である。この若い秀才は、孔子が「われ、回といふこと終日なるも、違はざること愚なるがごとし」〔為政〕というほど、無口な男であった。また「回や、その心三月仁を違(さ)らず」〔雍也〕ともいわれ、仁を以て許されたただ一人の弟子である。仁ということばが、「違らず」という場所的な表現をとっていることが注意される。回はひたすらな求道者であったらしい。陋巷にあって、貧苦のうちにも道を楽しむことを改めず、「賢なるかな回や」〔雍也〕という孔子の賞賛をえている。その陋巷の生活は、おそらくかれのはげしい反俗精神を示すものであるらしい。「徳行には顔淵・

閔子騫」〔先進〕といわれる閔子騫も、季氏から費の宰として招聘を受けたとき、「善くわがために辭せよ。もし我にふたたびするものあらば、吾は必ず汶（川の名）のほとりに在らん」〔雍也〕とこれを峻拒している。孔門では、このような反俗的な求道者を、徳行の士としたのであろう。

孔子にとって、顔回はおそるべき後生であった。「子曰く、これに語りて惰らざるものは、それ回なるか」〔子罕〕。孔子のことばを、かれはすべて理解することができたのであろう。このようなおそるべき弟子があるであろうか。「惜しいかな。われその進むを見るも、いまだそのとどまるを見ざるなり」〔同〕。瞬時もやむことを知らぬこの年少者の精進は、ついに孔子をして「後生畏るべし。いづくんぞ來者の今に如かざるを知らんや」〔同〕という歎声を発せしめている。また「公冶長篇」には、子貢に、「われと女と、如かざるなり」とさえ告げている。孔子も、一目おくほどの弟子であった。

この孔子をもおそれさせた俊才は、ながい亡命ののち孔子とともに魯に帰って、まもなく死んだ。「回やそれ庶きか」〔先進〕と道を以て許されたこの俊才の死を弔った老師は、思わず身をふるわせ、慟哭して泣きふした。肉親者でなければ弔喪のとき慟をしてはならぬというのが、儒家の定めた礼の掟である。孔子の従者が「子、慟せり」と注意した。老師が、この集団の掟である礼を破る行為をされてはこまるのである。すると孔子は「慟することありしか」とはじめて気づいたが、それでも「かの人のために慟するにあらずして、たがためにか慟せん」〔先進〕と、なお慟哭をつづけた。孔子はこの年少の弟子のために、みずから定めた礼を破って悔いなかった。

人は生涯のうちに、みずからをおそれさせるほどの弟子をもつことができるとすれば、それはこの上ない幸せである。孔子の思索は、おそらくこの年少者によって、益するところが少なくなかったであろう。「終日、違はざること愚なるが如く」にみえる回も、「退きてその私を省するに、亦以て發するに足れり。回や愚ならず」〔為政〕と新しいおどろきを感じさせるほど、かれはつねに問題を発展させてゆく。「これを用ふれば則ち行なひ、これを舍けば則ち藏るるは、ただ我と爾とのみ、これあるかな」〔述而〕と相許すほかない男であった。

孔子が漂泊の途中、匡で囲まれたことがあった。そのとき、顔回の姿が見失われた。孔子は狼狽した。顔回はどうしたのか、死んだのではないか。身も心もない焦燥にかり立てられているところへ、顔回がおくれて一行に追いついた。孔子はやっと安堵する。

> 子、匡に畏す。顔淵、後る。子曰く、われ、女を以て死せりとおもへりと。曰く、子在すに、回何ぞ敢て死せん。〔先進〕

たしかに、その通りである。顔回の役割は、なお終っていない。顔回がいなくては、孔子の思索は中断されてしまうのである。「子、在すに、回何ぞ敢て死せん」――いま、その弟子を失ったのである。もし孔子が、「夢と影」のなかにその漂泊の生活をつづけていたとすれば、顔回は孔子にとって、光であったかも知れない。そして、いまその光が消えたのである。孔子の未来が失われたのである。孔子のイデア的体認をともにすすめ、新しい体認者として孔子がすべての望みを託したその光は、眼前に消え去った。孔子が前後を忘じて慟哭したのは、当然であった。礼の形式などは、もとより問題ではなかった。

子路と顔回とは、孔子にとって、その内と外とを支える羽翼であった。それでこの両者に関する説話は甚だ多く、孔子の説話を集成した『孔子家語』には、とくに「顔回」「子路初見」〔巻五〕の二篇を設けて、『論語』以外の所伝を集めている。おおむね前漢末の劉向の『説苑（ぜいえん）』その他から取材されたもので、陳士珂の『孔子家語疏証』には、その出処をしるしている。『荘子』の諸篇にみえるものは、いずれも寓言形式のものであるから、そういう資料からは外されているが、先秦の文献で、この二子が最も多く登場してくるのは『荘子』である。荘周は、この二子の果たした役割について、最も的確な認識を示した人である。

孔子の教化活動とその思索とは、「孔席煖まらず」といわれるように、ほとんど寧処するいともないその亡命中に行なわれている。亡命に終始従っていたのは、この二人であった。おそらく子路は、その武勇と政治的な手腕を以て、一行の困難な巡歴を導いていったであろう。異国の地で人に応対しているのは、いつでも子路である。『荘子』にみえる説話においても、子路はこの老いたる師のために、奔走して倦むことを知らなかった。孔子の思索の相手は、いつも顔回であった。さすがの孔子が、ついに「わが道非なるか。われ何すれぞここにおいてする」という歎声を発したときに、「容れられずしてしかる後に君子を見る」〔孔子世家〕と師をたしなめるように慰めているのは、この年少の顔回である。『荘子』が好んでこの師弟の南遊の説話を録し、その師弟を対論させているのは、荘周がこの二子をその師のように愛したということのほかに、おそらくその地に、この師弟についての伝承が残されていたからであろう。

孔子の生涯において、最も重要な時期とみられる亡命中の記録は、おそらく顔回の手で用意されていたのではないかと思う。顔回がすぐれた文辞の持主であったことは、「子罕篇」にみえる孔子賛頌の語（二六一頁）によっても知られるが、亡命中の孔子やその一行の言動を仔細に伝えうるものがあるとすれば、その行をともにした顔回の手記などのほかには考えようがない。『論語』のほとんど全篇にわたる子路の言行も、おそらく顔回の録したものであろう。そしてかれの帰国によって、魯にもたらされたものであろう。

顔回のことは、『論語』に二十一条みえる。その六条は、顔回の死のときに関しており、また三条は顔子を追思したらしい孔子の語である。それは顔子の弟子たちによって、記録し伝えられたものであろう。孔子の存命中に没した高弟は顔回と子路とのみであるが、子路の非業の死は政治的な事件であるから、『左伝』〔哀公十五年〕にもしるされている。しかし一介の貧士の死について、顔子のように語られ、また伝えられている弟子はない。

『春秋公羊伝』は、おそらく孟子の春秋学の提唱以後に、斉の儒家によって試みられた春秋学であろうが、『春秋』の最後の条である哀公十四年、「西狩して麟を獲たり」というい わゆる獲麟の記事について、「孔子曰く、なんすれぞ來たれるや、なんすれぞ來たれるやと。袂を反し、面を拭ふ。涕、袍をうるほす」という痛歎のさまをしるしたのち、つづいて「顔淵死す。子曰く、ああ、天われを喪ぼせりと。子路死す。子曰く、ああ、天われを祝てりと。西狩して麟を獲たり。孔子曰く、わが道窮せり」という伝文を加えている。二子の死は、獲麟のこととともに、孔子の事業を終らせるものであった。獲麟のことは、聖王の時代への希望を絶つものであり、孔子の夢を奪うものであった。孔子はその行実を子路に託し、またその道を以て顔子に託した。そしてそのことは、荘周にも、また公羊学の組織者にも、よく理解されていたことである。孔門の使徒の名に価するものは、この二人だけであった。事実『論語』は、この両者の登場する文章と、そして亡命中、あるいは帰隠後の孔子の語を、直接に録したらしい語録が中心をなしており、またその関係のものが最も精彩に富んでいる。それらの文章やことばは、他のものとはひびきがちがうようである。そのことばは、いまも琳琅のひびきを発している。

孟子が用いたらしい孔子の語はかなり変改されているし、荀子に至ってはほしいままに孔子の語を作りあげている。孔子のことばとしては、この使徒たちが伝えるもののほかに、信頼しうるものはない。尤もことばを別として、その精神を論ずるならば、荘周の文はこの二子の役割を最も理解したものといえよう。思想的系譜に連なることを思わせるほど、的確である。荘周が顔氏の儒に属するとする説は、その意味でも肯定されてよいように思う。

二人の使徒の死を追うようにして、その偉大なる師もまた世を去った。漂泊のうちに亡命の生活をつづけたこの師弟によって、中国における精神の伝統は生まれたが、それはふしぎなほど、ナザレ人イエスとその使徒たちの姿に似ている。ただ孔子の場合、その死によって、真の伝統は失われた。孔子の喪に集まった弟子たちも、心喪三年ののち、また各地に散っていった。子貢だけが、なおその冢の側に仮廬を作って三年を過ごしたという。孔子はすでに、その弟子たちによって葬られているのである。

子貢は衛の人であるから、孔子が衛に亡命中に入門した人であろう。孔子より三十一歳若く、顔回よりは一つ年上である。「夫子の文章は得て聞くべきなり。夫子の性と天道とを言ふは、得て聞くべからざるなり」〔公冶長〕と、孔子がかれには形而上的な問題について語らなかったことを歎じているが、「性と天道」とのことは、おおむね顔淵とばかり論じていたのであろう。子貢は「賜（子貢の名）や、命を受けずして貨殖す。億（投機）すれば則ちしばしば中る」〔先進〕と、その師から評されている。投機で貨殖することの上手なこの男に、孔子が哲学談義などをするはずはない。「貧にして諂ふことなく、富みて驕ることなきはいかん」という資産家ぶった子貢の問いに、孔子は「可なり。いまだ貧にして楽しみ、富みて禮を好むものに若かざるなり」〔学而〕と答えている。貧の楽しみなど、貨殖の人に判るものではない。孔子に出仕をすすめるつもりであろうか、「美玉があると仮定しましょう。箱に蔵めておきますか、よい値なら売りますか」と問うと、孔子は「沽らんかな、沽らんかな。我は賈（買手）を待つものなり」〔子罕〕と答えた。

　子貢とは衛の地での問答が多く、これも亡命中のことであろう。亡命中の孔子は、少なからずこの弟子の世話になっているのではないかと思う。しかしあまり好きではなかったので、「女と回といづれか賢れる」〔公冶長〕などと、意地のわるいことをたずねている。「学而篇」には、その弟子と思われる子禽との問答が二条あり、弟子もあったようである。『韓非子』「五蠹篇」や『越絶書』などに、子貢が越に遊説して、弁舌を以て大活躍をした話が伝えられている。「言語には宰我・子貢」〔先進〕といわれた人であるから、そういう話があってもふしぎではない。

「上論」（論語の前十巻）では意気甚だあがらぬ子貢も、「下論」（後十巻）では、「子貢は仲尼より賢れり」（子張）という評判の立つ人物とされ、その話が三条もある。さすがにこれに対して子貢は、「仲尼は日月なり。得て踰ゆべからず」、「夫子の及ぶべからざるは、なほ天に階して升るべからざるがごときなり」と謙退の意を述べている。『論語』に、子貢に関するものが三十五条もあり、子路についで多い。心喪三年ののち、なお三年も仮廬住いをしていたのは、先師の記録の整理なども進めていたのであろう。「下論」には、その資料を含んでいるようである。

「子張篇」末の子貢関係の六章の前に、曾子関係の四章がある。曾子は三桓のうち、仲孫子である孟敬子の師であるらしい。子貢を孔子よりも賢者だという評判を立てたのは、叔孫氏の叔孫武叔である。子貢は、この叔孫氏と近い関係にあったのであろう。孔子は晩年、ほとんど季孫氏の食客であった。孔門からは、三家にそれぞれ出仕しているものがある。そういうこともあって、その末流になると、次第に門戸の見を生ずるのである。

門戸の見でまず争うているのは、子夏・子游・子張の門人たちである。「子張篇」に子張三条、子夏十条、子游二条があり、その後に曾子四条、子貢六条がつづく。前三者は、何れも『荀子』「非十二子篇」に、賤儒・陋儒として罵倒されているものであるが、一時儒家を代表する学派であった。

子夏は衛の人。孔子より少きこと四十四歳、また三十四歳ともいう。のち魏の文侯の師となり、儒家の経学はほとんどその学統から出ているといわれている。子を喪って失明したという話が、『礼記』「檀弓上」にみえる。子游は呉の人。孔子より少きこと四十五歳。魯につかえて武城の宰となり、絃歌して治め、孔子の賞賛をえたことがある〔陽貨〕。子張は陳の人。孔子より四十八歳年少であった。禄のことを問うたり〔為政〕、聞達を気にするなど〔顔淵〕、世俗的な人物であったらしい。三子はいずれも、孔子最晩年の弟子である。

鄒魯の学は、曾子によって代表される。孔子より少きこと四十六歳、魯の人である。孔子との関係では、『論語』にわずかに二条を録するにすぎない。その人は「參や魯〔遅鈍〕なり」〔先進〕と評されている。ところが他の一条では、「參や、わが道、一以てこれを貫く」という孔子の教えを、かれはただ「唯」と答えて退いた。弟子がその意をたずねると、曾子は「夫子の道は忠恕のみ」〔里仁〕と説いている。十哲の一人である子貢は、「賜よ、女は予を以て、多く學びてこれを識るものと爲すか。對へて曰く、非なるかと。曰く、非なり、予、一以てこれを貫く」〔衛霊公〕と、孔子の説明を俟って、はじめて一貫の道を理解したという。「參や魯なり」と評された曾子は、ここでは子貢にまさる俊才とされている。他にみえる十三条は、すべて曾子の弟子が、師としての曾子の語をしるしたもので、『論語』の成立に曾子学派の占める地位の大きさを示している。

「子張篇」にみえる五人の高弟たちの間で、主として喪礼に関する意見の相互批判が行なわれたことが、『礼記』「檀弓篇」にみえる。「檀弓」はその文において最も『論語』に近いといわれ、特に「子張篇」との関係は無視しがたいものがある。また有子と曾子の首位争いを示す話もあり、「学而篇」に、孔門のうち有子と曾子の語のみをその篇に録していることとあわせて、注目される。いま「檀弓上」の一条を録しておく。

有子、曾子に問うて曰く、喪を夫子に問へるかと。曰く、これを聞けり。喪は速かに貧しくせんことを欲し、死は速かに朽ちんことを欲すと。有子曰く、これ君子の言に非ざるなり。曾子曰く、參やこれを夫子に聞けり。有子また曰く、これ君子の言に非ざるなり。曾子曰く、參や、子游とこれを聞けり。有子曰く、然り。然らば則ち、夫子爲にすることありて、これをいへるならんと。曾子、この言を以て子游に告ぐ。子游曰く、甚だしいかな、有子の言の夫子に似たること。

こうして子游は、かつて孔子から聞いた語が曾子の主張と同じであること、また有子の言のように、それは宋の司馬桓魋が三年がかりで石棺を作っているのを、孔子が非難したときの語であるという。この論難は、いわば対立のままで終っている。「檀弓下」にも曾子と有若との意見の対立がみえるが、そこでは有若とその名をよんでおり、有子と称していない。この有・曾の対立は、『孟子』〔滕文公上〕に、子夏ら三人が有若を孔子の後継に立てようとし、曾子がこれを不可としたという話として伝えられている。『礼記』や『論語』において、師号を以て有子・曾子とよばれるものは、この二人に限られている。そして『論語』「学而篇」には、この二人の名がみえる。おそらくその原資料は、有・曾の対立時代に用意されたものであろう。しかし「檀弓」にみえるかれらの議論は、ほとんど喪礼、及びそれから演繹される孝道に関するもので、孔子のいわゆる小人の儒である。政治論はかえって「いまだ孔子の徒たるをえざる」孟子によって展開される。孟子は斉の稷下にも遊んだことのある人であるが、『論語』の「季氏」や「堯曰」には、斉学とみるべきものが多い。しかし「下論」で最も注意されるのは、やはり「微子篇」であろう。『論語』のうち最も異質とされるこの篇に、かえって孔子晩年の巻懐の思想が、その余韻をとどめているように思う。もっともその伝承者は、鄒魯の搢紳諸先生ではなく、楚狂に近い南方の儒者であった。南方には、「周公仲尼の學を悦び、北のかた中國に學び」、のち神農派に奔った「陳良の徒陳相とその弟辛」〔孟子・滕文公上〕のような一派があり、また顔氏の流れを汲んだらしい荘周の一派がある。『論語』に「微子篇」を含むことの意義は、他のどの篇よりも大きいといってよい。それはノモス化した儒家の自己批判として受け容れられたと考えられるからである。

孔子の没後、儒家はそれぞれ門戸の見を執って分裂した。そして禹行舜趨、洒掃応対のことばかりやかましくいう子張氏の賤儒や、終日もの言わず、思慮深げにふるまう子夏氏、破廉恥で怠け者の子游氏などの、いわば犬儒派が横行する。道はすでに失われており、また道を求める基盤も失われている。伝統は破壊され、巨大化した社会は、外的な規制の圧力によって、人間をも含めてすべてのものを一の物的な力と化している。ノモスの社会である。『論語』は、このノモス的な時代の中で形成されてくる。使徒時代の伝承は、このような時代の派閥的利害によって歪められてゆく。あの琳琅たる老師のことばも、雑音にまぎれそうである。このノモス的なものを、根柢から突き破らなければならない。おそらく「微子篇」を加えたのは、そういう楚狂の一派であろう。そしてそのことによって、『論語』はわずかにその頽廃を免れるのである。孔子の精神は、むしろ荘周の徒によって再確認されているように、私は思う。それは、儒家の正統を以て任ずる『荀子』において、孔子がいかによそよそしく扱われているかということと比較して、知ることができよう。儒教のノモス化は、孟子によって促進され、荀子によって成就された。それはもはや儒家ではない。少なくとも孔子の精神を伝えるものではないと思う。儒教の精神は、孔子の死によってすでに終っている。そして顔回の死によって、その後継を絶たれている。イデアは伝えられるものではない。残された弟子たちは、ノモス化してゆく社会のなかに、むなしく浮沈したにすぎない。『論語』は、そのような儒家のありかたをも含めて記録している。またそのゆえにわれわれは、孔子の偉大さを、そのなかから引き出すことができるのである。

『論語』の成立

『論語』は『聖書』と同じように、厳密な原典批判を必要とする書である。しかしそのような本文批判的研究は、先学の幾多のすぐれた研究にもかかわらず、なお十分な成果を示すに至っていない。それはそのような研究において、なお信頼しうる方法が確立されていないことによるといえよう。批判という以上、方法論がなくてはならないのである。しかし私はここで、その問題を論じようとするのではない。それには別に、尨大な著作を必要とするであろう。それでここには、きわめて原則的なことについて、原資料の問題を考えてみようとするのである。

『論語』の最も重要な部分は、孔子の言行に関するものである。孔子の教団が政治的な活動を開始してからのち、陽虎との対立によって斉にのがれ、また十四年にわたる亡命の生活をした時期、および帰国後の言行である。しかし孔子の思想が、その遍歴中の困難な試練のなかで形成されたことからいえば、亡命中の言行がその中心をなす意味をもつものといえよう。このとき従った高弟は子路・顔回・子貢・冉有などである。このうち後の二者は、途中で一行から脱している。筆録者が何びとであるにせよ、これに関する記録を第一資料とすべきであろう。

孔子の没後、その家を守ったのは子貢であった。『論語』には、六年にわたる服喪中に、かれが何らかの記録の整理を試みたことが考えられる。『論語』には、三十数条にのぼる子貢関係のものがあり、その点で注目されるが、のちに一派をなしたらしいこの学派の学派的立場をも含むところがあるであろう。これを第二資料とする。

孔子の没後、子游・子夏・子張の三派が、それぞれ異を立てて相争ったことが、『孟子』『荀子』および『礼記』「檀弓」などの資料から考えられる。そしてこの三者は、『論語』のうちに、みなその語録を残している。三派の争いは、荀子の時代までつづく。従ってその資料は、そういう学派的対立のなかで、時期の下るものを含むものとしなければならない。これを第三資料としよう。

『論語』や『礼記』のうちに、師号を以てよばれるものは有子と曾子のみであり、その対立は孟子の時代までつづいている。そして曾子学派が結局儒家の正統の地位を占めるが、それには孟子学派の参加ということが考慮されねばならない。『論語』の成立に重要な地位を占めると考えられる曾子学派のものを、第四資料としてよい。

「郷党篇」は、特定の目的のもとに、はじめから独立した一篇として編まれたらしいものがある。孔子の日常を儀規として規範化しようとするこの文献は、そのような儀礼的記述が多くみえる『礼記』の「曲礼」「檀弓」の時期とならぶものであろう。これを第五資料とする。

「季氏篇」は記述の形式も異なり、明らかに稷下の学を経た斉学とみられる。斉の儒家の手になるものであろう。他にも斉語を含む数章が他篇に散見する。これらを含めて、第六資料としてよい。その他、古帝王や逸民を主とする記事がある。堯舜禹などの古聖王の説話は、道統説以後、『書』の擬古的な部分が形成されたころのものであり、孟子以後のものとみられる。また「微子篇」にみえる逸民的な説話は、おそらく南方の儒者の加えたもので、荘周学派との関係を示唆するものがある。これを第七・第八の資料としよう。以上の資料群は、必ずしも時期的に序列しうるものではないが、それぞれの資料的な特質をもっている。儒家の思想の推移と、関連するところがある。いま具体的に、二、三の例によってそのことを考えてみよう。

孔子が衛に亡命していたとき、衛の霊公が没し（前四九三）、継嗣の問題が起った。太子はこれよりさき、霊公の夫人南子と仲違いして、国外に出奔しており、国内には太子の子出公輒（ちょう）がいて、霊公はこの輒を後嗣に定めていた。しかし国内に太子を呼び返そうとする運動があり、晋がそれを支援している。例の陽虎が、この太子を擁してひそかに衛に入り、そのため孔子はまた南方に逃れるのである。おそらく霊公が没して間もないときのことであろう。孔門でも、孔子が輒を支持するかどうかが問題となった。そのときのことである。「述而篇」に次のような記事がある。

冉有曰く、夫子は衞君（輒）を爲けんかと。子貢曰く、諾、われまさにこれを問はんとすと。入りて曰く、伯夷・叔齊は何びとぞやと。曰く、古の賢人なりと。曰く、怨みたるかと。曰く、仁を求めて仁を得たり。また何をか怨みんと。出でて曰く、夫子は爲けざるなりと。

継嗣問題に伯夷・叔斉をもち出すのは、夷斉の説話が、もとたがいに国を譲り位を避けた人とされたからであろう。夷斉の道からいえば、いまの衛君である出公輒は、位を太子に譲るべきであり、衛君の立場は仁に反するとするのである。

この話には、どこか巧まれたところがある。夷斉の立場にあるものは、むしろ亡命中の太子である。それならば、太子を擁して陽虎が潜入したとき、孔子はなぜ倉皇として衛から脱出しているのか。衛に寄食している孔子が、晋の武力を背景に復辟をうかがう太子の立場を、弁護するはずはない。『穀梁伝』や『公羊伝』（哀公二年・三年）には、出公の即位は霊公の遺志であると、その義のあるところを明らかにしているのである。

伯夷・叔斉のことが、また「公冶長篇」にもみえている。それは

子曰く、伯夷・叔齊は舊惡を念はず。怨ここをもつて希なり。

という語である。おそらくさきの衛君に関する問題が、別の弟子によって筆録されたものであろう。出公輒が即位している段階では、太子は夷斉の立場にある。従って「怨」

はその太子の立場である。孔子と弟子たちの問答では、その「怨」が問題であった。「仁」が問題であるのではない。「仁を求めて仁を得たり」という語は、この場合意味をなさないのである。

この二条は、「公冶長篇」では孔子が陳に在って「帰らんか、帰らんか」の歎を発した章につづいて録されており、前後の関連がある。子貢の語は、孔子が斉・魯にあるときの語の間に、孤立的にはさまれている。この二章をくらべてみると、「公冶長篇」の語はおそらく当時の直接の記録のままであり、「述而篇」の子貢の語は、その後学の潤色に成るものと考えられる。

伯夷・叔斉については、また「季氏篇」に「齊の景公に馬千駟（四頭立て）あり。死するの日、民、徳として稱するものなし。伯夷・叔齊、首陽（山名）の下に餓う。民、今に至るまでこれを稱す」という一条がある。「季氏篇」は、孔子の語をすべて「孔子曰く」としるしており、独自の形式をもつまとまった一篇である。三戒・三畏・九思のように数目的な表現が多く、稷下の学を経たのちの、斉地でまとめられた資料とみられる。夷・斉のことを逸民として顕彰したのは『孟子』（公孫丑上）であった。そしてこれを仁と称したのも孟子である。「聖人は百世の師なり」として伯夷・柳下恵の名をあげ（尽心下）、また伯夷が周の太公に帰したことを「仁人以て己れの歸となす」（尽心上）といい、「伯夷は聖の清なるものなり」「孔子は聖の時なるものなり」（万章下）として、孔子とならべている。孔子は、容易に仁や聖を以て人に許すことのなかった人である。夷・斉の伝説が、当時どのような形で伝えられていたかは明らかでないが、「仁を求めて仁を得たり」という語は、孔子のことばとしては疑わしい。もともと伯夷は、姜姓の祖とされる神で、太嶽の神であった。『書』の「呂刑」には、伯夷は帝の命によって五刑を制した人としてかかれている。かりに国譲りのような話が、列国の当時何らかの形で伝えられていたとしても、その伯夷を古聖人として孔子と並べたりするのは、孟子以後のことであろう。

このような手続きによって、この伯夷・叔斉についての孔子の語は、「公冶長篇」にしるすものが原形であり、「述而篇」のものはのちの潤色であることが知られる。そして「述而篇」のものが、冉有と子貢とを登場させる子貢後学のなすところとするならば、「公冶長」の文は顔子などの手記しておいたものではないかという推測を生むのである。その語は、かりに衛の世子問題についてふれたものとしては、含蓄の深いことば使いである。政治的な関係をもつ意見は、おそらくこれほどの用意のもとに記録されたであろう。すなわち「公冶長」のその文は第一資料、「述而」のその文は第二資料である。そのことが、両者の比較と分析とによって明らかとなる。かつその第二資料は、孟子以後に下りうるものである。

『論語』は、一条ごとにこのような検討を加えることによって、その原資料の性質を区別しなければならぬが、それは別の機会に譲るほかない。曾晳の「詠歸の章」〈先進〉が、「上論」の「公冶長」の二章によって、曾子の後学が偽作したものであることは、すでにふれた〈二五二頁〉。学派的な争いのために、このような作為や改変は、他にもかなり行なわれたとみなければならない。『論語』はとても、安心してよめるものではない。またはっきり、事実関係の合わぬものがあり、そのような破綻を見出すことは、比較的容易である。

魯の三家のうち、孟僖子・孟懿子の家はかねてから孔子に好意的であったらしく、孔子との関係が『論語』にもみえる。懿子の子である孟武伯が、孝についてたずねた。孔子は「父母はただその疾をこれ憂ふ」と答えている。孟懿子が孔子に孝を問うたことがその前条にあり、そこでは孔子は「違ふことなかれ」〈為政〉と答えている。懿子の父である僖子が、その二子を孔子について学ばせるよう命じた話が、『左伝』〈昭七年〉にみえる。そのとき孔子はまだ十八歳であった。懿子に孝のことについて告げた語が、懿子在命中のことならば、孔子の三十五歳以前のことである。僖子や懿子との話は年齢的に成立しがたいもので、おそらく武伯との話から、次第に作られていったものであろう。

武伯はまた、子路と冉求と公西華の三人の弟子について、孔子にその才能をたずねている。そして孔子は、子路は千乗の家の賦を治めしむべく、求は千室の邑の宰たらしむべく、赤は束帯して朝に立たしむべき人物だと答えている〔公冶長〕。公西華は孔子より四十二歳も年少であるから、孔子亡命の前ならば子華はまだ十三、四歳の少年であり、またもし帰国後ならば求はすでに季氏の宰となっている人である。そういう人物について、孟武伯が問うはずはない。しかもこの章は、「詠帰の章」にそのまま使われている。

孟武伯の子である孟敬子は、曾子に師事した人である。曾子の疾を問うたとき、曾子は「鳥のまさに死せんとするや、その鳴くこと哀し。人のまさに死せんとするや、その言善し」として、道において貴ぶべきこと三事を教えている〔泰伯〕が、その文は、『孟子』や『礼記』「檀弓」にみえる曾子の語とともに俊爽の巧辞である。孟武伯などとの問答は、曾子学派のなすところと考えてよい。「泰伯篇」には曾子の語五条、他はみな孔子の語を収める。亡命中の言行と思われるものを含まず、第四資料群とみてよいものである。

三家のうち、執政として勢威のあったのは季氏であるが、季康子もまた子路・子貢・冉求の政治的才能について、「政に従はしむべきか」と孔子に問うている条〔雍也〕がある。子路は定公の十八年（前四九八）には季氏の宰となっており、この問答はそれより前でなくてはならぬが、子路と他の二人とは、年齢が二十以上もちがうのである。まだ三十に遠い年輩のものを、「政に従はしむべきか」と質問するのもいかがわしいことである。冉求はのち季氏の宰となった人であるが、かれは亡命中の一行から離れて帰魯したのである。

孔子の三人の弟子に対する孟武伯と季康子とのそれぞれの問答は、おそらく何らかの異伝もしくは作為であろう。その関係者の立場や年齢からみて、何れも成立しがたい話のように思われる。孟武伯の問うた子路・冉求・公西華の三人は、「先進篇」の「詠帰の章」（二五一頁）にもみえ、曾子の父である曾点の引立て役を演じている。すなわち「公冶長篇」の話も曾子学派のものであり、「先進篇」のその章もまた曾子学派の作為である。曾子学派のなかで説話はまた発展し、次の新しい説話が作られているのである。叔孫氏が子貢を「仲尼よりも賢れり」（子張）としたように、三家との関係において、各学派の間に競争と対立が起り、いよいよ門戸の見を執らしめたが、それは『論語』のなかにこのような形で反映している。第三資料群を主とする「子張篇」には、さらに子貢と曾子とが加わって、複雑な編成となっている。

『論語』の原典批判は、むつかしいしごとである。『論語』は容易に講義しうるものではない。格言集でも扱うように講釈するならば知らず、古典としての『論語』をよむことの困難さは、以上の二、三の例によっても、十分推測することができるはずである。

『論語』がいつごろから孔子あるいは孔門の言行集として整理されるようになったものか、確かなことは知られない。『荀子』に賤儒と罵られているあの三子の流派や、その上に出ようとする曾子の学派などによって、種々の作為が加えられ、かなりの久しい間にわたって流動的であったとみるべきであろう。しかし孟子のころには、多少の形ができていたかと思われる。

『孟子』〔離婁上〕に、「求や、季氏の宰となり、よくその徳を改むることなくして、粟を賦すること他日に倍せり。孔子曰く、求はわが徒に非ざるなり。小子、鼓を鳴らしてこれを攻めて可なり」という一条がある。『論語』「先進篇」に「季氏は周公よりも富めり。而して求やこれがために聚斂し、附益す。子曰く、……小子、鼓を鳴らしてこれを攻めて可なり」とあるものと、大体近い。孔子が魯に帰ってからの語であるから、曾子も末席にあって孔子の語を聞いたのであろう。

また「尽心」〔下〕に「萬章問うて曰く、孔子、陳に在りて曰く、なんぞ歸らざるや。わが黨の士、狂簡進取、その初を忘れずと。孔子、陳に在りて、何ぞ魯の狂士を思ふや」というのに答えて、「孔子、中道をえてこれとともにせざるときは、必ずや狂獧（きやうけん）か。狂者は進みて取り、獧者は爲さざるところあり。孔子あに中道を欲せざらんや。必ずしも得べからず。故にその次を思ふなり」という。その文は『論語』の

> 子、陳に在りて曰く、歸らんか、歸らんか。わが黨の小子狂簡、斐然として章を成す。これを裁する所以を知らず。〔公冶長〕
>
> 子曰く、中行をえてこれとともにせざるときは、必ずや狂狷か。狂者は進みて取り、

狷者は爲さざるところあり。〔子路〕を合わせて用いたものであるが、文に小異がある。何れも亡命中の語とみられ、例の三派か曾子学派からえた知識であろう。「歸らんか」の章など、「万章」の引くところは文気がはるかに劣る。陳に従ったのは子路・顏回であるから、いまの『論語』はその原資料を伝えるものであろう。『孟子』に引く孔子の語のうち、『論語』にみえるものは十余条であるが、成書としての『論語』を引いたとみられるものはない。

『荀子』には「孔子曰く」というものが三十条に近いが、いまの『論語』にみえるものはほとんどない。しかし『荀子』がみずからのことばとして述べているもの、たとえば「これを知るをこれを知ると曰ひ、知らざるを知らずと曰ふ。内自ら以て誣ひず。外自ら以て欺かず」〔儒教〕、「故に君子はこれを知るをこれを知ると曰ひ、知らざるを知らずと曰ふ。言の要なり」〔子道〕は、『論語』の「由よ、女に知ることを誨へんか。これを知るをこれを知ると爲し、知らざるを知らずと爲せ。これ知るなり」〔為政〕と同じ語である。また「歲寒からざれば、以て松柏を知るなく、事難からざれば、以て君子を知るなし」〔大略〕は、「子曰く、歲寒うして、しかる後に松柏の後凋を知るなり」〔子罕〕と似ている。「君子、居るに必ず鄉を擇ぶ」〔勧学〕は「仁を里るを美と爲す」〔里仁〕、「古の學者は己れの爲にす」〔勧学〕は「憲問」にみえるが、一般に文に異同のあるものが多い。この当時、『論語』はなお現本の形に定着していなかったものとみられる。ただその資料群を以て、一部に行なわれていたことは疑いない。

孔子が亡命中、南遊して楚の葉公子高と会見し、父を告発した直躬について議論したことが、『論語』〔子路〕にみえている。その話は『韓非子』「五蠹篇」・『呂氏春秋』「当染篇」にも出ているが、いずれも『論語』によったらしい形迹はない。孔子の伝記や言行の類は、当時世上にいくらか行なわれていたらしいが、いまの『論語』の資料は、なお鄒魯の儒士、いわゆる搢紳先生の徒のもとに、伝承され、変改を加えられつつあったのであろう。それで荀子なども、すでに先師の言と知らずして、『論語』の語を、一般的な格言のように用いているのであろう。

『論語』の名は、はじめて『礼記』の「坊記篇」にみえる。「坊記」は『子思子』二十三篇中の一篇とされるものであるが、『易』なども引用されていて、秦漢に下る文献である。また『礼記』中の「曾子問」は、曾子と孔子との問答形式をとるものであるが、この両篇には「天に二日なく、土に二王なし」という語がみえ、両者の関係と、その成立の時期を知ることができる。これはいうまでもなく、秦漢の天下統一を示唆する語である。また「曾子問」には、孔子が老聃に礼を問うたという問礼説話が四条もみえ、儒家の文献に、はじめて問礼説話を録したものである。

『論語』はこれよりさき、「微子篇」のような楚狂の徒の儒家批判をも受け容れて、魯の儒家によっていちおう「魯論」とよばれる定本が生まれ、やがて斉の地で行なわれた「斉論」、列国の古文の字体でかかれている「古論」とよばれるテキストが作られた。多少の異同はあるが、漢代の校書家が校定を試みたころには、その関係は異本というべき程度で「魯論」を主とする校定が行なわれた。いまわれわれがみているのは、その校定本「魯論」である。

『論語』二十篇のうち、「学而」（第一）より「郷党」（第十）に至るいわゆる「上論」十篇と、「先進」（第十一）以下の「下論」十篇の間には、資料群に異なるところがあり、未整理のところがある。たとえば「学而」（第一）の「巧言令色、鮮（すくな）し仁」は「陽貨」（第十七）に、「泰伯」（第八）の「その位に在らざれば、その政を謀らず」は「憲問」（第十四）に重出し、また「里仁」（第四）の「古、言を出ださざるは、躬のおよばざるを恥づればなり」は、「憲問」（第十四）の「君子、その言のその行に過ぐるを恥づ」の異伝の語であろう。これに似た語が、『礼記』の「雑記」や「表記」などにもみえるのである。

異伝という程度の語では、「学而」（第一）巻頭の「人知らざるも慍（うら）みず。また君子ならずや」は、同じ篇に「人の己れを知らざるを患へず」、「里仁」（第四）の「己れを知るなきを患へず」と似ており、「憲問」（第十四）「人の己れを知らざるを病（うれ）へず」、「衛霊公」（第十五）「人の己れを知らざるを患へず」など、類句が多い。孔子がしばしばくりかえして説いたということもあろうが、単なる語録としてのものは、やはり重複としてよい。その意味で、各篇の構成ということが問題となるが、その検討については、すでに木村英一博士に詳密を極めた研究〔孔子と論語〕がある。

『論語』の文章は、簡潔で美しい。特に孔子がみずから語っているものには、その人を思わせるような文がある。孔子が南遊して楚に赴いたとき、葉公が子路に、孔子の人となりをたずねた。子路はいいようもなくてこたえなかったが、そのことを聞くと孔子は、

女、なんぞいはざる。その人となりや、憤を發しては食を忘れ、樂しんで以て憂を忘れ、老いのまさに至らんとするを知らざるのみと。〔述而〕

とみずからを語っている。このようなことばは、たぶん顔回などが筆録しておいたものではないかと思う。ながい亡命の果てに、なお漂泊をつづけながらこのようなことばを吐きうる孔子を、私はやはり偉大であると思うのである。

長文のものは多くはないが、なかによく整ったものがある。

富と貴とは、これ人の欲するところなり。その道を以て得ざれば、處らざるなり。貧と賤とは、これ人の惡むところなり。その道を以て得ざれば、去らざるなり。君子、仁を去っていづくにか名を成さん。君子は終食の閒も仁を違ることなし。造次（急なとき）にも必ずここにおいてし、顚沛（非常のとき）にも必ずここにおいてす。

〔里仁〕

仁は純粋に意味的な世界である。それはイデアである。それゆえに瞬時も離れえないものである。イデアとともにあるとき、富貴貧賤は問うべきではない。孔子はおそらくそのことの意味を、倦むこともなく説いたであろう。そのことばをこのようにまとめたのは、孔子自身であったのか、それともその講席に与かった高弟であったのか、それは知られない。この文はよく整えられており、かつ韻をふんでいる。欲・得・悪・得、処・去、名・仁がその韻であり、詩のように諷誦にたえるものである。このような押韻の文が、流れるように語られたとは思えない。たれかがこの文をまとめている。もしたれかがそれをしたとすれば、やはり顔回などではないかと思う。「子罕篇」にみえる顔回の孔子賛頌の語（一六一頁）と、その対置法的な文辞において、それは甚だ似ているのである。この「里仁篇」は、子游・曾子関係の各一条を除くほかはすべて孔子の語であり、比較的古い資料、おそらくは第一資料群を含むものであろうと思われる。

なお長文のものには、「先進篇」の曾点の「詠帰の章」（二五一頁）があるが、それは曾子学派のうちで作為されたもので、孔門の伝承する資料ではない。またその意味では、「微子篇」にみえる隠逸者の登場する文章も、孔門の資料ではない。しかしそれは、『論語』の成立に欠くことのできない部分であり、金声に対して玉振する意味をもつものであると思う。そこに荘周の学派との接触がみられるようである。

「鳳や鳳や　何ぞ徳の衰へたる」と歌って孔子の門をよぎったという楚狂接輿（二〇七頁）のことは、『荘子』「天下篇」にもみえ、もともと荘周の学派と関係のある資料であろう。長沮桀溺や荷蓧丈人の話もその類であるが、いずれも荘子風の説話に近いものである。この二条には、愛すべき使徒子路が登場する。丈人の方の話を録しておく。

> 子路、従うて後る。丈人（老人）に遇ふ。杖を以て蓧（草器）を荷ふ。子路、問うて曰く、子、夫子（孔子）を見たるかと。丈人曰く、四體勤めず、五穀分たず。たれをか夫子と爲すと。その杖を植てて芸ぎる。子路、拱（両手を組んで拝する）して立つ。子路を止めて宿せしむ。雞を殺し、黍を爲りてこれを食はしめ、その二子を見えしむ。
>
> 明日、子路行りて以て告ぐ。子曰く、隠者なりと。子路をして、反りてこれを見しむ。至れば則ち行れり。子路（孔子）曰く、仕へざれば義なし。長幼の節は廢すべからざるなり。君臣の義はいかんぞこれを廢せん。その身を潔くせんと欲して大倫を亂る。君子の仕ふるや、その義を行ふなり。道の行なはれざるは、すでにこれを知れり。

「道の行なはれざるは、すでにこれを知れり」というのは、孔子の語としてふさわしい。前条の長沮桀溺の章の構成からみても、「子路曰く」以下は、孔子の語でなくては話が通らない。朱子のみた福州本には、「子路反る。子曰く」となっていた由である。この丈人は、子路とその師とを批判したが、子路をとどめてもてなし、二子を紹介するなどの情味を示している。南方の儒にして神農の説を学んだという陳良の徒などの姿が、ここにかかれているように思う。

この丈人に似たような話が、また『荘子』にもしるされている。「列禦寇篇」に、魯の得道の人と伝えられる顔闔（がんこう）、また「譲王篇」には原憲の話がみえている。魯の君が、顔闔を得道の人であると聞いて、使者に幣をもたせて訪れさせた。闔は陋巷にあって粗布をまとい、牛を飼うていたが、「私のところへ来られたのは使者の聞き誤りであろう。もう一度確かめてこられるがよい」という。使者は急いで立ちかえり、人違いでないことを確かめて、改めて訪ねてくると、顔闔はすでに立ち去っていて、行方は知れなかったという。いわゆる顔氏の儒とはこの輩で、楚狂のような生活をしていたのであろう。

原憲の話はこうである。原憲が隠者のような生活をしていると、子貢が肥馬に乗り、車輿を飾って訪れ、その貧窮を慰める。原憲は、貧窮とは精神の問題であるといい、「仁義の慝（とく）（虚偽）、輿馬の飾は、憲の為さざるところなり」といって、これを恥じさせた話をしるしている。いわゆる寓話であるが、寓話というものは、案外にことの真実を伝えるものであるかも知れない。

楚狂は儒教の批判者なのではない。むしろ儒の一派ともいいうる面をもっている。

「隠居放言」〔微子〕してはばかるところのないかれらは、老荘の流とも連なるところがある。そういう一派に対する正統派の態度は、「我は則ちこれに異なり。可もなく不可もなし」〔微子〕という孔子の語を以て示されている。しかし「可もなく不可もなし」とは、むしろ道家者流の立場である。『論語』は、このような儒家の思想的遍歴の上に成立する。孔子の像も、弟子たちの群像も、みなその舞台で作られてゆくのである。

『論語』の最終的な編集者が、たれであったかは知られない。しかしこの「微子」の一篇を加えることによって、『論語』は、ノモスからの脱出を意図する新しい精神への可能性を約束した。孔子の没後、儒家は派閥的対立を含んだまま、ノモス的世界に沈淪していったが、そういう人為的な均質の世界に、最も果敢な抵抗を試みたものは、荘周の一派である。そしてそれは、おそらく顔闔などによって代表される反ノモス的な儒家の流れと、関係をもつものであろう。そういう楚狂の徒の文章は、ノモス的に腐敗した賤儒たちによってゆがめられようとする原始儒家の精神、孔子とその使徒たちの掲げた精神を、わずかに承けている。「これを玉振するもの」といえよう。その後に、子張ら三派をはじめとする賤儒たちの語録である「子張篇」〔第十九〕、擬古的な『書』の断片と、子張の五美・四悪を説いた斉論らしい「堯曰」〔第二十〕がある。道統説を以て、この一巻の結びとしようとしたものであろう。なお最後の一章に、子曰く、命を知らざれば、以て君子たるなきなり。禮を知らざれば、以て立つことなきなり。言を知らざれば、以て人を知ることなきなり。

という孔子の語をあげている。その形式は、巻頭の一章と同じ。編者はこれを以て、首尾相対応せしめたのであろう。

『論語』の「上論」は、「郷党篇」に終る。「郷党篇」には、孔子の言動をすべて規範化しようとする意図がある。これに対して、「下論」はおそらく「微子篇」で終るべきであったと、私には思われる。少なくとも「微子篇」を編した人たちは、ノモス的に規範化されたそのような世界からの脱出を、意図していたのであろう。そしてそこには、孔子の精神の正しい継承があったと考えるのである。

大なるかな孔子

孔子は偉大な人格であった。その偉大さがどこから生まれてきたのか、またそれはどのような意味で偉大であるのか、それを問うことが私の課題であった。

偉大な人格が生まれる条件は、いろいろあるであろう。四聖といわれる人びとのことを合わせ考えると、まずその時代が決定的な条件となっているようである。それはおそらく、古典時代のある時期においてである。民族の伝統の意味が問われ、それがイデアとして特定の人格において主体的に体認されるとき、それが生まれるのであろう。そしてそのイデアを永遠ならしめるために、ときにはその死が要求されることすらある。

孔子の場合、なぜ死は必要でなかったのであろう。ソクラテスが神託として受けた、知とは何かという問いは、何びとも答えることのできないものであった。それに答えることは、問うことの意味を失わせるからである。それはおそらくソクラテスの時代が、すでにノモス的な時期に入っていたからであろうと、私は思う。ノモス的な社会のなかでは、イデアはもはや、その歴史的現実において体認することのできないものであった。むしろノモスに従うこと、ノモスの命ずるところに従って死することによって、イデアの存在を証示するほかなかったのであろう。そこにソクラテスの死の意味があったと思われる。

しかし孔子の時代は、中国の文化の伝統が、なお深く息づいていたときである。孔子はそれを象徴的に、周公の姿として夢にみることができた。孔子は「己れに克ち、禮に復る」〔顔淵〕こと、すなわち主観を捨ててその伝統の意味に参入することによって、イデアがその体認において実現される場所としての、仁を見出した。それは「一日己れに克ち禮に復らば、天下仁に歸す」〔同〕といわれるように、あらゆる存在の、従って意味の根拠に関するものであった。しかもそれは、求めることによってえられるのである。「われ仁を欲せば、すなはち仁至る」〔述而〕とも述べられている。

ただそれは、孔子においては、具体的な形象において、実現されることはなかった。現実の上では、孔子はつねに敗北者であった。しかし現実の敗北者となることによって、孔子はそのイデアに近づくことができたのではないかと思う。社会的な成功は、一般にその可能性を限定し、ときには拒否するものである。思想が本来、敗北者のものであるというのは、その意味である。

孔子は、ノモス化しようとする社会のなかで、仁を説いた。しかしもはやイデアへの福音が受け容れられる時代ではなかった。「容れられずして君子を見る」と顔回がいう通りである。孔子は、ノモスの外に立とうとした。ノモスはなお、巻懐者の存在を許さぬほど、暴力的ではなかった。強烈な主体的人格ならば、なおその所与を転換することもできた。かりに九夷に居るとしても、「君子ここに居らば、何の陋かこれあらん」〔子罕〕ということができたのである。それで孔子は、巻懐の人となった。

このようなイデアの場としての仁を理解しえたのは、おそらく顔回だけであろう。孔子は顔回に望みを託したが、先だたれてしまう。残された弟子たちは、おおむね仕官して、急速に形成され強化されつつあるノモス的社会のなかに没していった。そして、いまは亡き師の言行録を伝承し、あるいは師の日常を規範化して、そこに師の精神を求めようとした。その最も愚かしい記録が、「上論」の結末をなすところの「郷党篇」である。

「郷党篇」には、孔子の日常についての仔細にわたる記録がある。「郷党では、孔子は信実さにみちて、ものもよくいえない人のようである。朝廷では暢達の弁をふるうが、調子に乗ることはない」。私の趣味からいえば、政治の場で雄弁になる男を、私はあまり好かないのである。「政府で、下大夫というときには、遠慮なくいう。上大夫というときには、もの柔かにいう」。これも好きではない。「郷党篇」には、およそこのような文章が、十七節ならんでいる。しかもその観察は、いよいよ微に入り、細を穿つのである。「必ず寝衣を用いる。その身は、身長の一倍半である」。「肉は方正に切ったものに限り、また薬味が適当でなければ食べない」。「店売りのものは食べない」。「食事中には話をしない。寝てからはものをいわない」。その他、「席正しからざれば坐せず」、「車中には内に顧みず、疾言せず、親指せず」、「盛饌（ご馳走）あるときは、必ず色を變じて作つ」などとしるされており、また「迅雷風烈には、必ず變ず」という。夜中でも起き上って、衣服を改めて正坐するというのである。これがノモス時代における孔子の理想像であった。たいていの婦人は、こういう生活には堪えられないであろう。

孔子の家には、三世出妻の伝説がある。孔子も、その子の鯉も、孫の子思も、みな妻を出したらしいことが、『礼記』「檀弓」などの記述によって知られるが、それはソクラテスの妻を無類の悪妻にしたてたのと同じように、偉人を非凡化するための伝説にすぎないように思う。孔子は弟子たちに『詩』の講義をもしている。「唐棣の華　偏として反せり　あになんぢを思はざらんや　室これ遠ければなり」――からなしの花びらが、そむくように外に垂れている。いとしい君だが、家が遠くてね、というほどの詩である。孔子はその詩句を声高く歌いあげたのち、「いまだこれを思はざるなり。何の遠きことかこれあらむ」〔子罕〕と教えた。明らかに恋愛詩としての正しい理解を示している。当時、女性の地位は低かったとしても、孔子は恋愛感情には正しい理解をもつ人であった。

人は、一人の偉人を作るために、しばしば多くの犠牲を惜しまないものである。しかしまた、人を偉大ならしめようとする努力が、どんなに滑稽を伴うものであるかをも、この「郷党篇」は示している。孔子は一般に、このような虚像としてとらえられていたようである。

孔子は晩年、巻懐の人であった。そしてそのような巻懐者としての孔子に近づこうとしたのが、「微子篇」の伝承者たちであった。かれらはおそらく南方の儒であり、荘周の学派とも交渉をもつものであろう。かれらは完全に政治を否定する。ノモス的な社会を否定するのである。そしてその立場から、孔子の政治的彷徨を批判するが、それは孔子のそのような生きかたを否定するというよりも、むしろその彷徨の果てに、巻懐者となっていった孔子に対する、共感を伴うものであった。そのゆえにそれは、『論語』の一篇として録されているのである。

しかし孔子のこの政治的彷徨は、孔子の精神を樹立させるために、絶対に必要であった。はじめからの巻懐者というものは、ありえないからである。その極限的な状況のなかで積み重ねられてゆく内面の葛藤を通じて、人は成長する。偉大ともなるのである。はじめからの諦観者は、いわゆる犬儒派にすぎない。孔門の晩年の高弟たちが、孔子の高い精神に容易に近づきえなかったのは、かれらが亡命の漂泊の苦しみを知らず、はじめから順調に仕官して、社会的にも尊敬される地位にあったからであろう。高い教養をもつかれらは、ノモス的な社会の指導者となった。ノモス的な社会にあるかぎり、かれらは賤儒となり、犬儒派とならざるをえないのである。その一時の代表者が孟子であり、曾子学派であった。

『荘子』には、しばしば「曾史」の名がみえる。曾子と史鰌とが、当時の儒家を代表していたのであろう。「仁義に枝(そこな)はれ、徳を擢(ぬきん)で性を塞(ぬ)き、以て名聲を収むる」〔駢拇〕ものと評されているこの一派は、ときには「盗跖曾史の行」〔在宥〕、「下に桀跖あり、上に曾史あり」ともいわれ、「跖と曾史と、義を行なふことは閒（区別）あるも、然れどもその性を失ふことは均(ひと)し」〔天地〕ともされている。それが荘周の時代の、儒家の姿であった。そして、その性に復ることを主張したのが荘周である。おそらく儒家のうちにも、顔闔のように、その体制化された巨大な社会に、反抗するものもあったであろう。「微子篇」はそのような一部の儒家のありかたを示すものとみられるが、それはノモス化される以前の社会に復帰するという意味で、孔子の精神に連なるところをもつものであった。

しかし時代はやがて秦漢の統一を迎える。秦の統一をたすけたものは法家の思想であったが、その法はただ君権に奉仕する法術的なものにすぎなかった。そこには世界観がない。法家がその統治術において老子の思想を受容したことは、『韓非子』に「解老」「喩老」などの篇があることからも知られる。漢初の黄老思想の盛行は、いわば法家思想のなごりであったともいえるのである。

秦代の思想的な百科辞書である『呂氏春秋』、また同じく漢初の『淮南子』において、儒教は必ずしも思想界の正統ではなく、孔子もその体制的な社会の指導者とみなされていたわけではなかった。儒教の権威が確立したのは、前漢の武帝のとき、五経博士をおいて儒教を国教としたことによって決定づけられたものであり、孔子が思想界の権威とされたのは、司馬遷が孔子に諸侯の待遇を与えて、その伝記を『史記』の「世家」に列したことによるのである。遷の父司馬談は黄老の学を好み、遷もその影響を受けている人であるから、孔子を世家に列したのは、必ずしも遷の本意ではなかったかも知れない。

しかし儒教が国教ということになれば、孔子にもそれにふさわしい権威を与えることが要求されたのであろう。すでに賈誼（かぎ）や董仲舒のような人が、国家の支配イデオロギーとしての儒教の適格性を、強く主張していたのである。

事実、儒家ほどその国家体制、また政治支配に適合した思想の体系をもつものはない。儒家がその経典として『詩』『書』などを教科とし、国家の学、政治の学としての古典的根拠を独占したことが、そのことを決定的にした。『詩』『書』『易』『礼』『春秋』といわれる五経の成立には、孔子はじっさいにはほとんど関与していない。『詩』と『書』の一部とは孔子の当時すでにあったが、それは史官や楽師の伝承するところであった。『春秋』は魯の公的記録であり、『礼』や『易』は孔子以後の書である。しかし漢初には、それらの書は儒家の経典とされ、先王の礼楽、聖人の道を伝える唯一の古典とされた。そして孔子には、その編集者・作者の地位が与えられた。孔子の権威は、その人格の偉大さによってではなく、経書の制定者として、それらの経書の権威によって支えられていたのである。経書はいうまでもなく、この国の読書人の教養書であり、官僚の必読書であり、その官僚制の支柱であった。

儒教が、この国の封建制、官僚制、またそれらを含む停滞性とどのようにかかわり合うかは、たとえばマックス・ウェーバーの『儒教と道教』などを参考されるのがよいと思う。木全徳雄氏のすぐれた訳注が、最近刊行されている。そういう儒教のもつ反動性が、ときには孔子の思想そのものに根ざすとする考え方もあるが、孔子の思想は決してノモス的なものではない。孔子が求めたイデアの世界は、ノモス社会とは全く相容れぬものであり、孔子の高くきびしい人間精神の探求は、つねに反ノモス的なものであった。ノモス的社会といえば、今日ほど巨大な社会、物量化された社会は、かつてなかった。そして今日ほど、ノモスが社会的超越者として、おそるべき支配力と破壊力を示している時代はない。数千万の、ときには数億の民衆が、ただ一つの規範に服している。人は完全にノモスの支配下にある。しかもノモスは、いよいよみずからを巨大にするために、巨大都市を作り、巨大国家を作る。人は巨大都市が文化の破滅につらなることをおそれるが、巨大国家が人間の生きかたと、どのように関与するかを問わない。「子、九夷に居らんと欲す」〔子罕〕と孔子が脱出を望んだ圏外の世界は、次第に失われつつある。空間的な世界のことだけではない。精神の世界において、それはいっそう深刻である。

私は今年元旦の早朝、数人の友人とともに台北の聖廟の前に立っていた。「道行なはれずんば、桴に乗じて海に浮かばん」〔公冶長〕ということばの通り、海に浮かんでいまここにある孔子の像を仰いで、私は孔子と現代との間にある、あるいはむしろ私との間にある連帯を思うた。「大なるかな孔子、博學にして名を成すところなし」〔子罕〕といわれる孔子の偉大なる所以を、私はこの数年の間、考えつづけていたからである。参詣者は少数であったが、老婦人が何か願うことがあってであろう、敬虔な祈りをささげていた。青竜の飾りをめぐらした前楹のわきで、男の子が二人、ふだん着のまま足を投げ出して、無心に遊んでいる。孔子は、再び招かれてその故郷に帰ることができるであろうか。私は、今もなおきびしい運命に生きるこの哲人の簡素な廟屋の前を、しばらく低徊して去ることができなかった。

『孔子伝』一九七二年一一月　中央公論社刊

文庫版あとがき

『孔子伝』を書いてから、すでに二十年近くになる。まことに、夢のような速さである。そして私も、八十の坂を一つこえようとしている。しかし、この書を執筆した前後のことは、いくらかの鮮明さを以て、なお私の記憶のうちにある。

私が『論語』を、教室の講義のためでなく、自らのために読んだのは、敗戦後のことであった。あの敗戦のあとの、やるせないような虚脱を味わわれた方には、理解して頂けることかと思う。私の机辺には、いつとはなく、『論語』と『聖書』とがあった。別に思想としての要求や、入信を求めてのことではない。暗い海の上をひとりただようて、何かに手をふれておりたいという衝動があった。それには、どのような角度からでも接近できるものが、よかったのであろう。それで順序も立てず、ながめるようにして読んだ。そして読むうちに、この二つの書が、敗北者のための思想であり、文章であると思うようになった。読んでいると、自然に深い観想の世界に導かれてゆくような思いであった。そして虚脱の時期がすぎ、秩序も次第に回復され、学部の機関誌も季刊の程度には出せるようになった。昭和二十三年、私は「卜辞の本質」「訓詁における思惟の形式について」「殷の社会」などを発表し、研究生活へのリズムを得ようとした。それから二十数年、私はひたすらに、これらの文章の指向する方向に進んだ。昭和三十年、『甲骨金文学論叢』十集、三十五年、『詩経研究』「通論篇」など三冊、三十八年、二玄社の『書跡名品叢刊』に『甲骨文集』『金文集』五冊を書いた。そして三十七年に『金文通釈』、四十四年に『説文新義』の刊行をはじめた。礎稿はそれまでにいくらか用意はしていたが、『通釈』はA判八〇ページ、『新義』はA判二〇〇ページ、両者ともに季刊で刊行しようという計画であった。その刊行中に、突風のように、学園紛争が吹き過ぎていった。

四十三年の暮近く、私の大学では、両派の学生の間に機関紙の争奪をめぐる闘争があり、前後二回に、約九十名の負傷者が出た。それを合図とするように、紛争は燃え上った。

紛争は数ヶ月で一おう終熄したが、教育の場における亀裂は、容易に埋めうるものではない。特に一党支配の体制がもたらす荒廃は、如何ともしがたいもののようである。私はこのとき、敗戦後によんだ『論語』の諸章を、思い起していた。そして、あの決定的な敗北のなかにあって、心許した弟子たちを伴いながら、老衰の身で十数年も漂泊の旅をつづけた孔子のことを、考えてみようと思った。四十六年秋、丁度『歴史と人物』

が創刊された直後のことで、とりあえず初め数回の連載分を渡し、その夏、全体を書き終え、四十七年十一月に刊行した。『金文』と『説文』の季刊を続けながらのことで、かなりの負担であったが、大体予定の通りに進行した。ここにしるしたような孔子像は、すでにかなり前から、戦後の私の中に、次第に形成されつつあったものである。

ただ問題は、外にもあった。中国の異常な事態も、私には気がかりなことであった。一九六五年（昭和四十年）十一月、姚文元の「海瑞罷官」批判によって開始された文化大革命は、やがて数十万の紅衛兵を尖兵とする大規模な四旧（思想、文化、風俗、習慣）追放の運動となり、彼らは赤いカバーの『毛主席語録』をかざして、四境辺土の隅々にまで横行した。またすべての出版物も、巻頭に特大の字で『毛主席語録』の一節を掲げた。雑誌には研究も作品も姿を消して、ただスローガンのみが氾濫した。しかしこのすさまじい喧噪のなかで、一体何が起っているのかは、外部からは知る由もないことであった。多くの書物が焚かれたり、郭沫若院長が、あのすぐれた古代研究の全体を、紙屑のように棄てさる自己批判をしたというような報道が、我々の不安をつのらせた。何かがある。何か異常なことがあるにちがいない。それはノモス的な大きな力で、是非の区別もなく焼き尽くしてしまうほどのものであるらしい。そしてそのうちに、主席の盟友で、公的にその後継者に指名されていた林彪が、毛暗殺に失敗して失脚し、北方に亡命する途中で墜死した。内部の権力闘争は、どうやら路線の相違であるらしい。文革派と実権派との確執が、容易に解きがたい状態のようである。内外すべて、ノモス的な幻影が世をおおうている。多分孔子も、このような時代に生きたのであろう。哲人孔子は、どのようにしてその社会に生きたのか。孔子はその力とどのように戦ったのか。そして現実に敗れながら、どうして百世の師となることができたのであろうか。私はそのような孔子を、かきたいと思った。社会と思想と、その人の生きざまと、その姿を具体的にとらえたいと思った。ただ私は研究者であるから、それがそのまま一部の精神史であり、思想史であることを意図した。そのため孔子の周辺のことや、思想の系譜についても、注意を怠らなかったつもりである。

『孔子伝』を刊行した翌年、文革は最後の段階を迎えた。林彪と旧思想とを結びつけて、「批林・批孔」を呼号する江青一派の運動が起って、孔子は孔丘とよびすてにされ、奴隷制度の擁護者として非難された。孔子はかつて郭沫若氏によって、奴隷解放の旗手としての役割を与えられていたのである。孔子は今の世にあっても、はげしい浮沈の運命にさらされている。

一九七六年四月、天安門事件で民衆の激怒にあい、江青らが失脚し、恐怖の時代が終る。非命にたおれた多くの学者・文人は蘇るすべもないが、孔子は再評価を受け、名誉を回復した。七八年に入ってから、また再評価の論文が各種の雑誌に掲載され、八一年六月の中央委員会で文革の誤謬が正式に承認されて、十年にわたる狂乱劇は終った。それは文革ではなく、奪権闘争の過程で、大規模な焚書坑儒が行なわれたということにすぎない。しかし文革終熄後まだ十年もたたぬうちに、再び天安門事件が起るのである。八九年六月四日未明、戦車なども出動する武力鎮圧によって、学生や市民数百名が死亡した。

私はその年の夏、翌年に八十を迎える自分を自ら記念する意味をもって、『文字遊心』の一書を編したいと思い、その書中の一篇として「狂字論」という文章を書いた。百五十枚ほどのもので、中国における狂の精神史を通観することを試みた。孔子は最も狂者を愛した人である。「狂者は進みて取る」ものであり、「直なる者」である。邪悪なるものと闘うためには、一種の異常さを必要とするので、狂気こそが変革の原動力でありうる。そしてそれは、精神史的にも、たしかに実証しうることである。中国においては、その精神史的な出発のところに、孔子の姿がある。そのことは、『孔子伝』にもいくらかふれておいたが、『孔子伝』では及びえなかったその精神史的な展開を、そこでたどろうとした。あらゆる分野で、ノモス的なものに対抗しうるものは、この「狂」のほかにはないように思う。

一九九〇年は、歴史の上では極めて記念すべき年となるのではないかと思う。歴史の上で、かつてみたことのない巨大なノモス的世界が、壁がたおれるように音たてて崩壊するという、信じがたいような歴史の現実を、我々はたしかにこの眼でみた。私には、かすかではあるが、大正七年のシベリア出兵当時の記憶がある。慰問の文章を受取った兵士から、バイカル湖の写真などを送られたりしたからである。しかしそののち、その地は巨大なノモス的世界となり、人びとに底知れぬ危惧を与えた。スターリンの内部粛清二千百万人という説は、必ずしも虚誕ではあるまいと思う。

今、その世界が崩壊しつつある。「プラハの春」以来、二十年以上もくすぶりつづけてきたものが、いま一瞬にしてもえ上ったのであろう。大きな一つの幻影が、歴史の上から消えようとしている。

『孔子伝』と、その延長の上に試みた「狂字論」、狂の精神史が、私の意識の底で占めている位置は、以上のようなものである。このことは私自身が語るべきことではないかも知れない。問題への意識は、人びとによってそれぞれ異なり、それぞれの理解のしかたがあるはずである。ただ「讀書千巻、冷生涯」（逵雅堂先生の詩句）といわれる研究者の生活のなかにも、外にあらわれぬ思いはある。学術の問題を論じているときにも、その意識の底に連なる何らかの現実がある。そのような現実がなくては、なかなか研究に情熱を傾けうるものではない。

孔子の時代と、今の時代とを考えくらべてみると、人は果たしてどれだけ進歩したのであろうかと思う。たしかに悪智慧は進歩し、殺戮と破壊は、巧妙に、かつ大規模になった。しかしロゴスの世界は、失われてゆくばかりではないか。『孔子伝』は、そのような現代への危惧を、私なりの方法で書いてみたいと思ったものであるが、もとよりそれは、おそらく私の意識のなかの、希望にすぎなかったかも知れない。

平成三年一月

白川　静

解　説

加地伸行

昭和四十三年ごろから四十六年あたりにかけて、全国の多くの大学において大学紛争と呼ばれる事件があった。

当時の学生は、いわゆる「団塊の世代」に当り、その巨大な人口集団は、第二次大戦後の日本の諸構造を揺がせつつ成長し、大学進学後にそのエネルギーを爆発、大学紛争を起すに至った。紛争は尖鋭な戦闘集団を生む。彼らの或るものは新左翼と呼ばれ、革命を叫び、体制の諸権威に対してはもちろんのこと、左翼本流を自任していた日本共産党に対しても反抗した。

その攻撃目標は大学当局であり、さらに具体的には管理機関の教授会にしぼられた。教授会との団交（団体交渉）と称する集会がしばしば開かれ、教員と学生との間で激しい応酬が交わされた。そしてやがては血を流す実力行使にとなった。

静かだった学園は騒然となり、諸秩序がゆらぎ、乱世を思わせる日々が続いた。当時、作家の高橋和巳氏（故人）は京都大学に在職し、中国文学を講じていたが、紛争末期のころ、次のような文章を書いた。

立命館大学で中国文学を研究されるS教授の研究室は、京都大学と紛争の期間をほぼ等しくする立命館大学の紛争の全期間中、全学封鎖の際も、研究室のある建物の一時的封鎖の際も、それまでと全く同様、午後十一時まで煌々と電気がついていて、地味な研究に励まれ続けていると聞く。団交ののちの疲れにも研究室にもどり、ある事件があってS教授が学生に鉄パイプで頭を殴られた翌日も、やはり研究室には夜おそくまで蛍光がともった。内ゲバの予想に、対立する学生たちが深夜の校庭に陣取るとき、学生たちにはそのたった一つの部屋の窓明りが気になって仕方がない。その教授はもともと多弁の人ではなく、また学生達の諸党派のどれかに共感的な人でもない。しかし、その教授が団交の席に出席すれば、一瞬、雰囲気が変るという。無言の、しかし確かに存在する学問の威厳を学生が感じてしまうからだ。

たった一人の偉丈夫の存在がその大学の、いや少なくともその学部の抗争の思想的次元を上におしあげるということもありうる。残念ながら文弱の私は、そのようではありえない。(「わが解体」)

この文中のS教授とは、本書の著者、白川静先生のことである。

私が高橋氏の文章を引いたのには、二つの意味がある。

一つは、白川先生の人となりがどういうものであるのかということがよく分るためである。大学紛争を経験した教員ならば、私も含めてだれにも覚えがあるが、学生との団交のあとは、とても研究という気分にはなれなかった。紛争が長びき、教員は身心ともに疲れていた。にもかかわらず、あの雰囲気の中で、白川先生が研究を中断されなかったことを知ったとき、われわれ中国学者は粛然とした。

引用のいま一つの意味は、本書『孔子伝』が、あの大学紛争の終焉あたりに登場したことである。すなわち、白川先生は、昭和四十六年十月、雑誌『歴史と人物』(中央公論社)に「孔子の生涯」を発表、徐々に孔子の評伝を集積され、昭和四十七年十一月、単行本『孔子伝』(中公叢書)として刊行された。それがこのたび文庫版の本書となったのである。

『孔子伝』は、もとより中国古代社会を背景とする孔子の評伝である。しかし、その発表前、ちょうど大学紛争があったことに注目したい。

白川先生が勤務しておられた立命館大学は、ことに紛争の激しい学園であった。その中で執筆しておられたのであるから、有形無形に紛争の影があると私は思っている。事実、仄聞するところでは、たとえば、本書中の、孔子の高弟、子路の激しい気性、その武闘の態度、師への抗議などの描写は、新左翼(当時、全共闘派と言われた)の学生をモデルになさったという。

念のため、誤解なきよう記しておくが、本書中の子路の行動や姿は、その基づく文献等があって描写されている。しかし、描写が単なる写真に終ることはない。執筆者の情念が有形無形に描写に投影されていても不思議でない。

もちろん、白川先生はマルキストではない。それどころかマルキストにとっては手強い批判者である。たとえば、故重沢俊郎著『原始儒家思想と経学（学位論文）』（岩波書店・昭和二十四年）に対して、記述中の粗大な概念を厳しく批判しておられる（「説林」二巻二号・昭和二十五年）。「殷をただ『宗教的氏族社会』と規定してみても、これがもし社会学的概念に過ぎないならば、その実態は少しも分明でない。その『宗教的』といひ『氏族社会』といふのは具体的にはいかなる態様をもつものであるのか」と。

白川先生は、大学紛争のころのマルキスト（日本共産党系も新左翼系も含めて）の浮薄な言動に対して、学問を通じて、具体的には『孔子伝』を通じて、静かに批判を書き続けておられたのではなかろうか。

作品は、時代の反映である。たとえば、故吉川幸次郎先生は、第二次大戦後、『中国の智慧』・『論語』その他多くの作品において、孔子や儒教について論じておられる。それは〈人間の善意への信頼〉という主張につきる。

この主張は多くの読者の共感を得、昭和二十年代後半から三十年代にかけて非常によく読まれた。そのことを今ふりかえってみると、やはり当時の気分の反映であったと思う。すなわち第二次大戦の敗戦後に作られた日本国憲法の気分と無関係でない。当時は、日本国憲法前文の一節「平和を愛する諸国民の公正と信義に信頼して、われらの安全と生存を保持しようと決意した」などという底抜けにお人好しの文章を本気で理想としていた時代であった。そういう雰囲気であったからこそ、儒教とは〈人間の善意への信頼〉であるという吉川先生の主張が広く読者に支持され、孔子・儒教の生命が吉川先生によって息を吹きかえしたのである。第二次大戦中の〈忠君愛国としての儒教〉、〈封建道徳としての儒教〉のイメージを覆して。

孔子・儒教のイメージや理解のしかたは、時代によって変る。しかし、一般的には、明治以来、儒教は倫理道徳として、また合理的な思考（たとえば「死を語らない」）として理解されてきた。その意味では、吉川先生も同様である。いや、そのことを、より強く主張された。だから、〈死とは無縁な、そして倫理道徳を本質とする儒教〉というイメージ・理解は、いわゆる通説としての地位を得ており、それを基盤として吉川先生の主張が、しだいに正統化されていった。

しかし、宗教や非合理的な感覚を抜きにして古代社会を検討するのは、近代人の近代的立場にすぎない。古代社会の実態に触れようとするならば、宗教を軸とする古代社会のあるがままの姿を見るべきであろう。だが、そのような冷徹な観点は、実は奇妙なことに学界において主流ではなかったのである。その最大理由は、明治になって作られた大学のありかたにある。

明治に大学が作られ、そこにおいて中国哲学史が講ぜられるようになると、先進的な西欧を模倣するあまり、西欧哲学史を哲学史の標準とし、それに合わせて中国哲学史を構成するという〈近代化〉、あるいは愚かしい追従を行なってきたのである。しかも、希望と活力とに溢れた華々しい近代は、自然科学を中心に〈人類の進歩〉、合理的思惟への信頼などを旗印とした。そのため、いわゆる淫祠邪教的なものは、遅れたものとして故意に抹殺されてゆくようになる。たとえば、道教などは、第二次大戦前、中国哲学史の中では不当に低い地位しか与えられなかった。日本において道教の研究が盛んになったのはつい最近のことなのである。

そのような事情であったため、儒教をつとめて合理的なものとして位置づけようとする努力がなされてきたのである。明治に東京大学成立以後、昭和二十年代までの約八十年、そういう努力の成果としての儒教の概念（倫理道徳・死とは無縁な合理的思考など）がほとんど定説のようになっていた。いわば、大学の権威を背景とする〈絶対〉であった。

しかし、昭和四十年代にはいると、世界史的に、さまざまな〈絶対〉が権威を失ってゆく。たとえば、政治的には米国・ソ連の力がようやく衰亡を見せてゆく。大学とて例外でない。高等教育の普及とともに、知識人は大学だけではなく、社会に広く増えていった。特に産業界に増えてゆき、知識人の増加とともに大学の権威は〈相対〉的に低くなっていった。

〈絶対〉から〈相対〉へ——大学紛争はその一例であった。左翼陣営における日本共産党の〈絶対〉は新左翼の出現によって、みごとに〈相対〉化されてしまった。

学界とて例外でない。明治以来作られてきた、いわゆる通説の〈絶対〉もさまざまに揺らぎはじめた。そうした状況の中で、この『孔子伝』が登場してきたのである。それは、従来の通説の権威、〈絶対〉をみごとに打ち砕いた作品であった。

＊　＊　＊

白川静先生は、ほんらい中国古代文学の研究を目的としておられる。そしてまた、その成果に基いて、日本の記紀万葉の研究を行なうことを希望しておられる。ところが、学問に対して厳密な先生は、中国古代文学を研究するためには中国古代社会の十分な理解が必要であり、そのためには、中国古代の諸文献の確かな解読が必要となると考えられた。

中国古代の諸文献——それはほんらいは、銅器に鋳(い)こまれた文字（金文(きんぶん)）や、亀の甲に刻まれた文字（甲骨文(こうこつぶん)）で書かれている。その研究を行なうという抜本的な構想である。

そこで白川先生は、中国古代文学（特に『詩経』）の研究と並行して、金文・甲骨文の研究、ひいては漢字の成立を含めた諸研究をお進めになった。その業績である著書『金文通釈』・『説文新義』の厖大な量を前にするとき、中国学研究者は圧倒される。

しかし、ことはそれだけに終らない。ふつう、文字の研究者は、まさに文字の研究に終始する。けれども、白川先生の研究目的は、前述のように、単なる文字の研究ではない。文字の研究を通して中国古代社会の構造を明らかにし、そこにおける文学を研究することが目的なのである。先生は文字の象形（できごとや物体を絵にして表現すること）を研究された結果、そこに反映されている古代社会の様相（特にその宗教性）をつぎつぎと明らかにされていった。たとえば、「男」字は、田で力仕事をする意味だとか、「加」字は力と口とでできており加勢する意味だとかという解釈が通説であった。これに対して白川先生は、「男」字は田と力（鋤）とを合せた文字で農耕の管理者を意味し、「加」は力に𠙵（祝詞）を足したもので、のりとによって農具を祓い清める儀礼を意味するとし、それを加の儀礼とした。

そしてこう展開される。「農耕の用具は、休閑期にはすべて社の神庫に収めておき、その出し入れのときに、厳重にはらいの儀式をした。それは秋の虫害をなす蠱が、器具に附着しているのを防ぐためである。それで加の儀礼のときには鼓を用い、その鼓声をもって蠱を祓った。それが嘉の字である。……出生のときに嘉・不嘉という語が用いられるのは、あるいは古い時代に、鼓をうって新生の霊を迎えるようなことも、あったかも知れない。少くとも力が新しい生への呪力を象徴するものであることは、疑いない」と。(『中国古代の民俗』)

これは文字どおり一例にすぎない。先生は多数の漢字を一つ一つ徹底的に見透して、漢字の背後にある闇に包まれていた中国古代社会の宗教性に満ち満ちた実態を生き生きと現出した。そういう中国古代社会において、文学はもちろんのこと、思想も制度も風俗もすべてが存在していたのである。

あたかも地引き網が、大魚も小魚も異物もいっさいがっさいを浜辺に引きあげ一網打尽にするかのごとく、白川先生は漢字(金文・甲骨文)の研究を通じて、中国古代社会を掌握されたのである。その結果、御希望の中国古代文学研究のみならず、多くの副産物がもたらされることとなった。その中の大物が、孔子を中心とする儒家集団に関する見解であり、それが本書『孔子伝』の骨格となっている。

だから、本書を読めばただちに分ることは、孔子が神怪な中国古代社会の中を生きていた人物として描かれていることである。それは、倫理道徳の権化の〈絶対的聖人としての孔子〉でもなければ、〈人間の善意への信頼の中の孔子〉でもない。歴史的事実において、より真実に近く、より具体的な孔子である。

この白川〈孔子〉によって、孔子研究や儒教研究が、従来の〈倫理道徳としての、非合理的なものとは無縁な儒教そして孔子〉という呪縛から解き放たれたのである。そういう画期的な歴史的な価値を本書は持っている。

＊　＊　＊

本書は、精密な中国古代社会研究に基づいているので、説得力に富むことは言うまでもない。その説得力を増しているもう一つの理由がある。それは、白川先生の文章や議論の立てかたが非常に論理的なことである。先生は青年期に苦労をされ、法律事務所で働いておられた時期があった。法律家は幾何学の証明のように整然とした論証をしなければならない。おそらく、白川先生は、その青年期において、法律家の持つ論理性を身につけられたのではなかろうか。この『孔子伝』のみならず、白川先生の諸作品が明快であり論理的であることが、大きな魅力となっていることをあえて付け加えておこう。

私が白川先生にお目にかかったのは、これまで二回だけである。しかし、三十数年、私淑している。現在の中国学界において、白川先生は世界に通用する碩学である。

しかし、世俗はこの大学者に報いるところが少ない。凡庸な学者であっても、有力国立大学に長く在籍したがゆえに文化勲章を受章する人が多いのが、わが国の実情である。それはおかしい。白川先生のような真の碩学が文化勲章を受章してこそ、日本はその見識を世界に示すことができると言えよう。

白川先生の年譜の提供をはじめ、協力してくださった笠川直樹氏に感謝申しあげる。

平成三年一月八日

中公文庫

孔子伝

1991年2月10日　初版発行
2003年1月25日　改版発行
2019年8月5日　改版15刷発行

著　者　白川　静

発行者　松田陽三

発行所　中央公論新社
〒100-8152　東京都千代田区大手町1-7-1
電話　販売 03-5299-1730　編集 03-5299-1890
URL http://www.chuko.co.jp/

DTP　ハンズ・ミケ
印　刷　三晃印刷
製　本　小泉製本

Published by CHUOKORON-SHINSHA, INC.
Printed in Japan　ISBN978-4-12-204160-8 C1123

中公文庫既刊より

各書目の下段の数字はISBNコードです。978－4－12が省略してあります。

し-20-5
漢字百話 白川 静
甲骨・金文に精通する著者が、漢字の造字法を読み解き、隠された意味を明らかにする。現代表記には失われた、漢字本来の姿が見事に著された好著。
204096-0

し-20-6
初期万葉論 白川 静
それまでの通説を一新した、碩学の独創的万葉論。人麻呂の挽歌を中心に古代日本人のものの見方、神への祈りが、鮮やかに立ち現れる。待望の文庫化。
204095-3

し-20-7
後期万葉論 白川 静
『初期万葉論』に続く、中国古代文学の碩学の独創的万葉論。人麻呂以降の万葉歌の諸相と精神の軌跡を描き、文学の動的な展開を浮かび上がらせる。
204129-5

し-20-10
中国の神話 白川 静
従来ほとんど知られなかった中国の神話・伝説を、豊富な学識と資料で発掘し、その成立＝消失過程を体系的に論ずる。日本神話理解のためにも必読。
204159-2

し-20-11
中国の古代文学（一）神話から楚辞へ 白川 静
中国文学の原点である詩経と楚辞の成立、発想、表現を、記紀万葉と対比し、民俗学的に考察する。神話への挽歌である古代歌謡に〈詩〉の根源を探る。
204240-7

し-20-12
中国の古代文学（二）史記から陶淵明へ 白川 静
「歴史」を通じて運命への挑戦者を描く司馬遷、田園山水に孤絶の心を託す陶淵明・謝霊運らの文学活動を通して「創作詩」の成立過程をたどる。全二巻。
204241-4

お-10-5
日本語はどこからきたのか ことばと文明のつながりを考える 大野 晋
日本とは何かを問い続ける著者は日本語とタミル語との系統的関係を見出し、日本語と日本文明の発展の歴史を平易に解き明かす。〈解説〉丸谷才一
203537-9